Vorwort und Danksagungen

Unser Dank geht an die vielen Menschen, die uns mit ihrem herausfordernden Verhalten an unsere Grenzen gebracht haben. Ihr habt uns den Grund dafür geliefert, uns mit diesem Thema auseinanderzusetzen. Wir möchten uns mit diesem Buch bei euch entschuldigen, für viele Missverständnisse und falsche Unterstellungen – ***unser*** Verhalten war sicher oft sehr herausfordernd für euch. Ebenfalls zu Dank verpflichtet sind wir denen, die uns mit ihren Veröffentlichungen zum Thema viele Anregungen gegeben haben. Roos W. Greene, Andrew A. McDonnell und ganz besonders Bo Hejlskov Elvén. Tack så mycket, Bo. Din bok har verkligen vidgad horisonten för oss (Vielen Dank an Bo. Dein Buch hat unseren Horizont mächtig erweitert).

Und ein großes Dankeschön geht von Claudio und Monika an Nina. Nina hatte einen Großteil des Buches schon im Kopf, als wir uns noch nicht vorstellen konnten, dass ein Praxisbuch zum Thema herausforderndes Verhalten überhaupt möglich sein könnte. Schließlich sollten die Maßnahmen, die wir ergreifen, ebenso individuell sein, wie es die Gründe sind, die zu einem solchen Verhalten führen. Danke, Nina, für deine Initiative, deine Beharrlichkeit und die Unermüdlichkeit beim Erstellen dieses Buches. Inzwischen können wir uns nicht mehr vorstellen, dass es ***kein*** Praxisbuch zu diesem Thema geben könnte…

Danke an Allmuth, Mercedesz, Amelie und Antje für euer aufmerksames Korrekturlesen und eure Anregungen und Gedanken zum Inhalt. Danke, Annette für deine Unterstützung bei Layoutfragen und deine Symbole.

Einige Hinweise vorab:

Aus Gründen der besseren Lesbarkeit wird auf die gleichzeitige Verwendung männlicher und weiblicher Sprachformen verzichtet. Sämtliche Personenbezeichnungen gelten gleichermaßen für Personen beiderlei Geschlechts. Wir haben beim Schreiben auf das förmliche „sie" verzichtet, weil wir hoffen, den Leser mit dem direkteren „du" auch direkter ansprechen zu können. Wir hoffen, damit niemandem zu nahe zu treten.

Menschen, die sich richtig verhalten können,

werden es auch tun.

Bo Hejlskov Elvén
(vgl. ebd. 2015, S. 279)

Inhaltsverzeichnis

1 Einleitung

Wer dieses Buch in den Händen hält, um es zu lesen, hat bestimmt eine Vorstellung davon, was herausforderndes Verhalten ist. Wahrscheinlich sogar eine sehr genaue Vorstellung davon, weil irgendjemand im Umfeld ein solches Verhalten zeigt – das eigene Kind, ein Schüler, ein Bewohner, ein Beschäftigter.

Martin bekommt häufig Wutanfälle. Er wirft dann alle Sachen vom Tisch oder tritt gegen Möbel.

Herr T. läuft ständig durchs Zimmer und macht dabei laute Geräusche. Meist ist es ein tiefes Brummen, zwischendurch wird es zu einem schrillen Kreischen.

Frau L. kann nicht stillsitzen. Sie schaukelt permanent mit dem Oberkörper vor und zurück und ihre Arme sind dabei ständig in Bewegung.

Sandra lässt im Stuhlkreis die Hände nicht bei sich. Sie kneift immer wieder die Schüler neben sich in die Oberarme.

Sophie weigert sich oft, ihre Aufgaben zu machen. Arbeitsmaterial schmeißt sie runter oder sie steht auf und läuft aus dem Zimmer.

Torben schlägt sich immer wieder mit der Faust an den Kopf. Wenn es ganz schlimm wird, schlägt er sogar seinen Kopf gegen harte Gegenstände.

Und Du würdest dieses Buch wohl auch nicht lesen wollen, wenn Du nicht vorhättest, etwas zu verändern.

Das wird nicht leicht. Herausforderndes Verhalten zu vermeiden ist eine Aufgabe, die einiges erfordert. Wir müssen dazu mehrere Schritte gehen.

Zunächst müssen wir verstehen, was herausforderndes Verhalten eigentlich ist und was die Besonderheiten der Menschen sind, die solche Verhaltensweisen zeigen. Es ist wichtig zu wissen, was diese Menschen von anderen unterscheidet und warum sie sich nicht so verhalten wie wir. Dem widmet sich das zweite Kapitel.

Jedes Verhalten hat eine Funktion. Deshalb geht es anschließend darum, zu verstehen, welchen Sinn und welche Funktion das Verhalten für die jeweilige Person hat. Nur wenn wir das jeweils wirklich verstanden haben, haben wir die Chance das Verhalten auch zu verändern. Darum wird es im dritten Kapitel gehen.

Unsere Beobachtungsgabe ist also gefordert. Wir müssen ganz genau hinschauen, um zu ergründen, warum sich jemand so verhält, wie er sich verhält. Dazu müssen wir häufig genauer bzw. anders hinschauen, als wir es bisher getan haben. Das vierte Kapitel stellt dazu verschiedene Materialien vor.

Im fünften Kapitel beschäftigen wir uns mit der Frage, wie wir herausforderndes Verhalten vermeiden können. Auch wenn der Wunsch nach Lösungen in der Praxis oft dringlich ist, gehen der Suche nach Lösungswegen die Schritte des Verstehens und Beobachtens voraus.

Das sechste Kapitel enthält viele Beispiele und Materialien aus der Praxis, die dazu beitragen können, herausforderndes Verhalten zu vermeiden. Aber Achtung: Es handelt sich nur um Beispiele, nicht um Rezepte. Unsere Beispiele sollen Anregungen geben, wie für andere Personen mit herausforderndem Verhalten ebenfalls individuelle Lösungen entwickelt werden können.

Unser letztes Kapitel schließlich beschäftigt sich mit „Krisen". Für Krisensituationen gelten ganz besondere Regeln. Was genau eine „Krise" ist, werden wir noch definieren, aber vielleicht hat der eine oder andere doch schon eine Idee davon, wie sich bei einer bestimmten Person mit herausforderndem Verhalten eine Krise zeigt.

Im Anhang haben wir weitere hilfreiche Informationen zusammengestellt: Bücher, die es wert sind, gelesen zu werden, Webseiten, die es lohnt zu besuchen und Hinweise zu Fortbildungs- und Beratungsangeboten.

2 Herausforderndes Verhalten – Was ist das?

Es gibt sehr viele verschiedene herausfordernde Verhaltensweisen. Einige Beispiele haben wir oben schon beschrieben. Und jeder von uns kennt wahrscheinlich noch viele, viele weitere. Die meisten dieser Verhaltensweisen lassen sich einer dieser Kategorien zuordnen:

- Fremdverletzung, Selbstverletzung, Vandalismus
- Geräusche, Schreien, Weinen
- Schimpfwörter, -gesten
- Hyperaktivität, stereotypes Verhalten, aufdringliches Verhalten
- Verweigerung, Weglaufen
- sexuelle Auffälligkeiten
- Einnässen, Einkoten, Kotschmieren, Essstörungen
- zwanghaftes Verhalten, Aufräumen, Ordnen
- sozialer Rückzug, Desinteresse, Passivität, Langsamkeit

Nach außen gerichtetes Problemverhalten ist für alle im Umfeld herausfordernd. Es fällt auf, häufig stört bzw. verstört es, nicht selten ist es uns fremd und manchmal macht es uns auch Angst. Schnell entsteht ein Leidensdruck und damit Handlungsbedarf. Nach innen gerichtetes Verhalten wie Rückzug und Passivität sind für das Umfeld meist weniger störend. Dennoch müssen wir auch diese Verhaltensweisen beachten, sie sind genauso problematisch.

Es gibt viele verschiedene Bezeichnungen für solches Verhalten: Verhaltensauffälligkeiten, Verhaltensstörungen, Problemverhalten, Verhaltensprobleme. Im Englischen gibt es den Begriff „challenging behaviors". Challenge – die Herausforderung. Uns gefällt dieser Begriff am besten.

Denn wenn wir herausforderndes Verhalten als eine Herausforderung betrachten, dann haben wir auch eine Perspektive! Herausforderungen sind dazu da, sie anzupacken, sie zu lösen. Und genau darum soll es in diesem Buch gehen.

In unserer eigenen Auseinandersetzung mit herausforderndem Verhalten hat uns ein Buch wirklich weitergebracht. „Herausforderndes Verhalten vermeiden" von Bo Hejlskov Elvén war für uns eine wahre Bereicherung und das wäre es unserer Meinung nach für jeden, der wie wir mit Menschen in Kontakt kommt, die herausfordernde Verhaltensweisen zeigen. Deshalb möchten wir an dieser Stelle eine unbedingte Leseempfehlung aussprechen. Im Idealfall sollte man das Buch gelesen haben, noch bevor man in unserem Buch weiterliest.

Bo Hejlskov Elvén definiert herausforderndes Verhalten so:

„Herausforderndes Verhalten ist ein Verhalten, das den Menschen um die betreffende Person Probleme bereitet." (Elvén 2015, S. 17)

Da wir es sind, die mit dem Verhalten ein Problem haben, ist für uns der Begriff Problemverhalten ebenso passend: ***Wir*** haben ein Problem. ***Wir*** sind herausgefordert. Die Begriffe herausforderndes Verhalten und Problemverhalten verwenden wir daher synonym.

Aber warum? Dieses Verhalten stört uns, weil es nervt, weil es in der Öffentlichkeit peinlich ist, weil es uns provoziert und psychisch oder körperlich verletzt. Wahrscheinlich haben wir aber vor allem deshalb ein Problem, weil wir schon alles Mögliche ausprobiert haben und nichts davon funktioniert hat. Es ist auch das Gefühl der Ohnmacht, das uns Probleme bereitet. Wir haben das Gefühl, nichts gegen dieses Verhalten tun zu können, können das Verhalten aber auch auf keinen Fall so hinnehmen. Und irgendwie haben wir nicht die geeigneten Methoden für den Umgang damit. Auch deshalb wird das Verhalten für uns zum Problem und unsere Aufgabe ist es, uns geeignete Methoden anzueignen.

Eigentlich müsste man davon ausgehen, dass die Person, die das Verhalten zeigt, auch etwas ändern muss. Aber genau das funktioniert nicht. Denn die Person, die herausforderndes Verhalten zeigt, hat entweder keinen Grund, ihr Verhalten zu ändern, weil es für sie selbst ja sinnvoll ist und für sie ja auch gar kein Problem darstellt, oder sie hat überhaupt nicht die nötigen Kompetenzen, um sich anders zu verhalten. In beiden Fällen sind wir gefragt und es ist unsere Aufgabe etwas zu verändern.

Eine weitere Möglichkeit wäre, das Problem von anderer Seite lösen zu lassen. Vielleicht wäre es leichter, Fachleuten wie zum Beispiel Psychologen oder Therapeuten damit zu beauftragen!? Sicherlich kann es manchmal Sinn machen, sich den Rat von Experten im Umgang mit herausforderndem Verhalten zu holen. Aber auch diese Personen können das Problem nicht für uns lösen, sie können uns nur dabei unterstützen, es selbst zu tun.

In unserer Praxis begegnet uns ein Umstand sehr oft, der uns nachdenklich stimmt: Für das Verhalten einer Person werden in erster Linie die Eltern verantwortlich gemacht. Wenn die Person sich in der Einrichtung herausfordernd verhält, wird die Schuld daran schnell auf mangelnde Erziehung und auf fehlende Konsequenzen der Eltern geschoben. Wir werden noch beschreiben, warum das in der Regel nicht die Ursache sein kann. Aber eines möchten wir an dieser Stelle vorwegnehmen: Eltern haben sich kein Kind mit herausforderndem Verhalten gewünscht. Sie haben weder eine entsprechende Ausbildung gemacht noch haben sie studiert. Und sie kennen meist nur *ihr eigenes Kind* und haben dementsprechend keine Praxiserfahrungen im Umgang mit anderen Kindern mit ähnlichem

Verhalten, aus denen sie Ideen schöpfen können. Und: Sie werden für ihr Elternsein nicht bezahlt!

Bei Lehrern, Therapeuten oder Mitarbeitern in Werkstätten und Wohnheimen sieht das ganz anders aus. Sie haben ihre Berufswahl getroffen, wohlweislich, dass diese Wahl die Arbeit mit solchen Klienten beinhalten kann. Sie hätten auch einen anderen Beruf ergreifen können. Und: Sie haben eine Ausbildung gemacht. Ob und inwieweit sie dadurch wirklich vorbereitet wurden auf den Umgang mit herausforderndem Verhalten, ist dadurch natürlich noch nicht geklärt. Aber sie haben auf jeden Fall viele Kenntnisse und Fähigkeiten erworben, die ihnen in diesem Kontext helfen können. Und zu guter Letzt: sie werden dafür bezahlt! Es ist ihr Job, mit diesen Menschen zu arbeiten.

Wenn es also darum geht, ***WER*** Verantwortung übernehmen und ***WER*** etwas unternehmen sollte, dann sehen wir die professionellen Bezugspersonen definitiv als erste in der Pflicht. Erst dann kommen die Eltern. Von den Betroffenen selbst können wir es nicht erwarten. Am erfolgreichsten werden wir sicherlich sein, wenn alle im Umfeld sich an dem Prozess beteiligen.

Welche Rolle auch immer Du hast, ob Du nun Lehrer, Betreuer, Gruppenleiter, Therapeut, Mutter oder Vater bist, mit dem Lesen dieses Buches zeigst Du schon, dass ***DU*** die Verantwortung übernehmen willst. Ein wunderbarer Grund, um endlich loszulegen.

2.1 Kognitive Besonderheiten

Um herausfordernde Verhaltensweisen zu verstehen, müssen wir wissen, was die betroffenen Personen von uns unterscheidet. Sie verhalten sich nicht wie wir und dafür muss es einen Grund geben. Erziehungsmaßnahmen, die bei anderen Kindern funktionieren, scheitern bei diesen Menschen. Der Grund hierfür ist, dass sie nicht genauso denken wie wir. Sie haben kognitive Besonderheiten, die dazu führen, dass sie anders wahrnehmen und ihre Wahrnehmungen anders verarbeiten. Viele dieser kognitiven Besonderheiten sind vor allem bei Menschen aus dem Autismus-Spektrum nachgewiesen und werden in verschiedenen Büchern ausführlich beschrieben (vgl. zum Beispiel Frith 2013). In unserer Praxis haben wir die Erfahrung gemacht, dass auch viele Menschen mit kognitiven Beeinträchtigungen ohne Autismusdiagnose Verhaltensweisen zeigen, die auf ganz ähnliche Besonderheiten hinweisen:

- eher schwache zentrale Kohärenz
- wenig ausgeprägte Theory of Mind
- Probleme mit den exekutiven Funktionen
- Kontextblindheit

Zentrale Kohärenz ist die Fähigkeit unseres Gehirns, die vielen einzelnen Informationen, die wir wahrnehmen, in einen Zusammenhang zu setzen und als Ganzes zu erfassen (vgl. Müller 2007). Den meisten Menschen gelingt das ohne jede Anstrengung. Wir sehen den Wald, nicht lauter einzelne Bäume. Wir erfassen die Situation, das „Setting". Wenn wir zum Beispiel einen Raum betreten, nehmen wir nicht nacheinander alle einzelnen Personen wahr, wo sie stehen, was sie anhaben, was sie tun und welche Möbel im Raum stehen. Menschen aus dem Autismus-Spektrum oder mit kognitiven Einschränkungen haben oft eine schwache zentrale Kohärenz. Das bedeutet, dass sie zunächst nur die vielen Einzelheiten wahrnehmen. Sie müssen diese Informationen durch aktive Gehirnleistungen zu einem Gesamtbild zusammensetzen. Das erfordert einerseits mehr Zeit, andererseits aber auch mehr Ressourcen, die dann an anderer Stelle fehlen. Außerdem kommt es zu Fehlern: Details werden nicht oder nur unzureichend als Ganzes erkannt oder falsch zusammengesetzt.

Die **Theory of Mind** umschreibt ebenfalls eine kognitive Fähigkeit: Wir können uns vorstellen, was eine andere Person weiß, was sie denkt und was sie fühlt, und daher einschätzen, was sie vielleicht als Nächstes tun oder wie sie gleich handeln wird (vgl. Castañeda/Hallbauer 2013). Menschen aus dem Autismus-Spektrum und mit kognitiven Einschränkungen haben damit große Schwierigkeiten. Sie können sich nicht gut oder nicht so gut vorstellen, dass andere Personen nicht das Gleiche denken und fühlen wie sie selbst. Es fällt ihnen daher auch schwer, vorherzusehen, wie andere Menschen handeln oder reagieren werden. In der regelrechten Entwicklung entwickelt sich die Theory of Mind ab dem vierten Lebensjahr. So überrascht es nicht, dass Personen, deren Entwicklungsalter unter vier Jahren liegt, nur eingeschränkte Fähigkeiten im Bereich der Theory of Mind haben.

Der Sammelbegriff **exekutive Funktionen** bezieht sich auf verschiedene Fähigkeiten, die allesamt dazu beitragen, das eigene Handeln bewusst und aktiv zu steuern. Für viele vertraute Situationen und Handlungen haben wir Routinen entwickelt. In solchen Situationen müssen wir dann kaum noch nachdenken, wir handeln ganz automatisch. In neuen Situationen, wenn ein Problem auftritt oder irgendetwas nicht funktioniert, brauchen wir exekutive Funktionen, um unsere Handlungen bewusst und aktiv planen und auszuführen zu können. Die Impulskontrolle zum Beispiel hilft uns dabei, erst nachzudenken und dann zu handeln. Mit der bewussten Aufmerksamkeitssteuerung können wir uns einerseits auf etwas konzentrieren, aber auch bewusst die Aufmerksamkeit wieder auf etwas anderes lenken. Für die meisten Aktivitäten im Alltag sind ein zielgerichtetes Beginnen und ein Durchführen in mehreren Schritten notwendig, selbst wenn dann Teile der Handlung automatisiert durchgeführt werden können. Auch das sind exekutive Funktionen. Viele Menschen mit herausforderndem Verhalten haben Schwierigkeiten mit exekutiven Funktionen. Den Alltag so zu bewältigen, wie es anderen um sie herum gelingt, ist für sie daher eine große Herausforderung. Exekutive Funktionen entwickeln sich über einen langen Zeitraum und sind erst mit rund 25 Jahren ausgereift.

Für die Verarbeitung von Sinneseindrücken im Gehirn spielt der **Kontext** eine große Rolle. Vieles, was wir erleben, ist mehrdeutig. Erst unter Berücksichtigung des Kontextes können wir unsere Wahrnehmungen richtig interpretieren. Eine spannende Hypothese wurde von Peter Vermeulen aufgestellt: Er vermutet, dass viele Schwierigkeiten von Menschen aus dem Autismusspektrum damit zu erklären sind, dass sie den Kontext nicht ausreichend miteinbeziehen können. Ihnen gelingt das nicht automatisch, sie müssen den Kontext aktiv berücksichtigen. Er beschreibt dieses Phänomen als **Kontextblindheit** (vgl. Vermeulen 2016). Wie man den Kontext berücksichtigen kann und auf was es da zu achten gilt, müssen Menschen mit herausfordernden Verhaltensweisen erst einmal lernen. Und selbst dann braucht es viele Ressourcen, die dann vermutlich an anderer Stelle fehlen.

Eine eher schwache zentrale Kohärenz, eine wenig ausgeprägte Theory of Mind, Probleme mit den exekutiven Funktionen und Kontextblindheit haben Auswirkungen auf:

- Wahrnehmung
- Verhalten
- Kommunikation und Interaktion

Die **Wahrnehmung** ist vor allem durch die schwache zentrale Kohärenz oder die Kontextblindheit betroffen. Die Wahrnehmung zu vieler Details kann schnell zu einer Überforderung führen. Das Gehirn ist überlastet, weil es viel zu sehr damit beschäftigt ist, die vielen Sinneseindrücke zu sortieren, zu interpretieren, zu bewerten. Und auch das Filtern der Wahrnehmungen gelingt nicht oder nur unzureichend. So kann es dazu führen, dass jemand zum Beispiel alle Geräusche im Raum gleich laut wahrnimmt und daher große Schwierigkeiten hat, sich auf seinen Gesprächspartner zu konzentrieren.

Schwierigkeiten bei den exekutiven Funktionen erklären, warum jemand seine Handlungen nicht gut planen, beginnen, gliedern, konsequent durchführen und reflektieren kann. Das gesamte **Verhalten** ist davon betroffen, wenn die Steuerung des Verhaltens nicht oder nicht so gut funktioniert. Und wer seine Impulse nicht gut kontrollieren kann, dem passiert es sehr oft, dass er unüberlegt mit Worten oder Verhaltensweisen herausplatzt.

Kommunikation und Interaktion sind sehr komplexe Abläufe mit vielen ungeschriebenen Regeln. Um zu verstehen, wie Kommunikation und Interaktion funktionieren, braucht es eine gute zentrale Kohärenz und einen guten Blick für den Kontext. Außerdem muss man wissen, welche Informationen andere Personen schon haben, welche sie hingegen noch brauchen und was sie denken oder fühlen könnten. Dafür ist die Theory of Mind wichtig. Und letztendlich sind die aktive Kommunikation und Interaktion auch Handlungen, die geplant und durchgeführt werden müssen.

Alle beschriebenen kognitiven Besonderheiten haben massive Auswirkungen auch auf Kommunikation und Interaktion. So hat ein großer Teil der Menschen mit herausforderndem Verhalten massive Einschränkungen in der Kommunikation. Wer aber Sprache nicht ausreichend nutzen kann, um zu kommunizieren, dem bleibt oft nur das Verhalten, um sich auszudrücken. Viele Betroffene können gar nicht sprechen oder Lautsprache nur sehr eingeschränkt nutzen. Manche können vielleicht sprechen, werden aber nur von vertrauten Personen verstanden. Hinter vielen herausfordernden Verhaltensweisen werden wir bei näherem Hinschauen kommunikative Funktionen entdecken. Die Erweiterung von Kommunikationsmöglichkeiten kann daher auch einen großen Teil zur Lösung der Problematik beisteuern.

Alle beschriebenen Schwierigkeiten führen zu Verhaltensweisen, die wir als herausfordernd erleben: Menschen die scheinbar plötzlich einen Wutausbruch haben, die schlagen oder treten, Dinge zerstören oder sich selbst verletzen, sich zurückziehen, die Kooperation verweigern oder überhaupt kein Interesse mehr zeigen, haben ohne unsere Hilfe keine andere Wahl.

Ob wir ein Verhalten als angemessen oder unangemessen bewerten, ist abhängig davon, in welcher Situation es gezeigt wird, wie intensiv und ausdauernd es ist, wie häufig es auftritt und welche Auswirkungen es auf andere hat. Es gibt Verhaltensweisen, die in der einen Situation völlig in Ordnung sind – ja sogar erwünscht –, in anderen Situationen aber unpassend, unangemessen und dann eben für das Umfeld herausfordernd sind.

Frau M. geht jeden Mittwochabend zur Chorprobe. Dort singt sie eineinhalb Stunden lang in voller Lautstärke. Frau K. singt ebenfalls in voller Lautstärke, während sie an ihrem Arbeitsplatz in der Werkstatt verschiedene Schrauben und Dübel in Tüten verpackt. Ihr Umfeld ist schon nach wenigen Minuten genervt.

Herr K. steht im Pausenraum. Er steckt seine Hand in die Hose und beginnt zu onanieren. Die Betreuer unterbinden das sofort.

Es hätte sich wahrscheinlich niemand daran gestört, hätte Herr K. damit bis zum Abend gewartet, wenn er alleine in seinem Zimmer ist.

Bei der Betrachtung von herausforderndem Verhalten werden wir daher auch immer wieder hinterfragen müssen, ob das Verhalten generell ein Problem ist oder nur in bestimmten Situationen unpassend, und ob sich der Betreffende bewusst darüber ist.

2.2 Neue Wege finden

Verhaltensweisen werden dann zum Problem für uns, wenn wir im Umgang damit nicht die richtigen Methoden haben. Wir haben schon so vieles ausprobiert, nichts hat funktioniert. Alles was wir intuitiv tun, was wir gelernt haben, was wir bei anderen Kindern erfolgreich angewendet haben, was wir in unserer eigenen Kindheit erlebt haben oder was wir bei anderen Eltern und ihren Kindern beobachten, funktioniert nicht. Würde es funktionieren, dann gäbe es dieses Problem nicht und du würdest dieses Buch jetzt wahrscheinlich gar nicht in deinen Händen halten.

Die Erklärung ist denkbar einfach: Die „normale" Pädagogik funktioniert nicht bei Menschen, bei denen eben nicht alles ganz „normal" ist. Wir sprechen hier über Menschen mit Besonderheiten. Wir müssen uns daher auf die Suche nach besonderen Lösungen machen.

Das wird vielleicht nicht ganz leicht werden, weil wir nicht selten ignorieren müssen, was uns unser Bauchgefühl, die „normale" Pädagogik, rät. Und es wird auch nicht leicht, unserem sozialen Umfeld diese neuen Wege zu erklären. Auch wenn andere aus unserem Umfeld uns immer wieder mitleidig oder vorwurfsvoll anschauen, wenn unser Kind mal wieder „flippt": Das Kind ist nicht „unerzogen" und es liegt nicht daran, dass wir uns keine Mühe gegeben haben. Wir brauchen uns daher auch keine Tipps mehr geben lassen von all denen, deren Kinder super funktionieren! Stattdessen brauchen wir wirklich neue Ideen. Und wir müssen damit rechnen, dass diese neuen Ideen nicht von jedem in unserem Umfeld sofort versteh- und nachvollziehbar sind.

3 Funktionen, Auslöser und zugrundeliegende Ursachen für herausforderndes Verhalten

Wir gehen davon aus, dass niemand etwas tut, ohne einen Grund dafür zu haben. Eigentlich sind Menschen immer darauf bedacht, schonend mit ihren Ressourcen umzugehen. Wir tun nichts einfach so. Das trifft auch auf Menschen aus dem Autismus-Spektrum oder mit kognitiven Einschränkungen zu. Jedes Verhalten, das diese Menschen zeigen, hat einen Sinn. Und auch wenn wir diesen Sinn nicht verstehen, für die Person ist das Verhalten subjektiv sinnvoll. Nur wenn wir von dieser Grundannahme ausgehen, haben wir die Chance, zu verstehen, ***WARUM*** die Person so handelt, wie sie handelt. Und auch nur dann können wir etwas daran verändern. Es gibt zwei Fragen, die wir uns im Zusammenhang mit herausforderndem Verhalten stellen sollten:

Bei der ersten Frage geht es um das ***DAVOR***. Denn Verhalten ist oft eine Reaktion auf einen Auslöser. Was also ist davor passiert? Und was hat diese Reaktion ausgelöst?

Bei der zweiten Frage geht es um das ***DANACH***. Was soll aus Sicht der Person danach passieren? Was möchte sie mit dem Verhalten erreichen? Welche Funktion hat das Verhalten?

Erst wenn wir die Antwort auf eine oder beide dieser Fragen gefunden haben, können wir verstehen. Und erst dann können wir etwas unternehmen. Im Folgenden wollen wir genauer unter die Lupe nehmen, welche Funktionen herausforderndes Verhalten haben kann, durch was das Verhalten ausgelöst wird und wir wollen überlegen, was die Ursachen dafür sein könnten. Welche Schwierigkeiten hat die Person und warum kann sie sie nur mit diesem Verhalten lösen?

3.1 Verhalten als Provokation

In den allermeisten Fällen fühlen wir uns durch herausforderndes Verhalten provoziert. Wir haben das Gefühl, die Person macht das absichtlich, um uns zu ärgern. Es hat einen Grund, warum wir so denken. Unbewusst vermuten wir, dass jemand anderes die gleichen Motive für ein Verhalten haben muss wie wir. Wenn wir also ein eigenartiges Verhalten beobachten, fragen wir uns: Wenn ich mich so verhalten würde, was wäre mein Motiv?

Wenn Sonja im Morgenkreis aufsteht, zweimal um den Stuhlkreis herumläuft und sich wieder hinsetzt, dann fragt sich die Lehrerin: Wenn ich in einer Lehrerkonferenz aufstehen, zweimal um alle herumlaufen würde, um mich dann wieder hinzusetzen ... warum würde ich das tun? Und die einzige Erklärung, die der Lehrerin dazu einfällt, ist: Ich will jemanden provozieren. Ich will stören. Andere Erklärungen kann sie bei sich gar nicht zulassen, denn sie ist in der Lage, die Konsequenzen ihres Handels zu überblicken. Deswegen würde sie nicht aufstehen und herumlaufen, selbst wenn ihr Po und Beine wehtun vom langen Sitzen und sie sich kaum noch konzentrieren kann, weil sie müde ist. Obwohl Aufstehen und Rumlaufen in dieser Situation eigentlich sehr vernünftig wären, würde sie es nicht tun, weil sie weiß, was die anderen über sie denken würden. Aber Sonja? Vermutlich tun wir vielen unrecht, wenn wir nur **das** *Motiv zulassen, was bei uns als einziges Motiv denkbar ist.*

Was muss man können, um jemanden provozieren zu können? Man muss vorausschauend planen und handeln können. Man muss wissen, welches

Verhalten bei anderen welche Reaktion hervorruft. Man muss wissen, was andere ***DENKEN*** werden über das, was man selbst tut. Das alles sind Kompetenzen, für die hohe kognitive Leistungen nötig sind und eine starke zentrale Kohärenz. Nur so sind Zusammenhänge klar erfassbar. Und es braucht eine gute Theory of Mind, um sich vorstellen zu können, was andere denken. All das sind aber Bereiche, die, wie beschrieben, häufig stark eingeschränkt sind. Das Motiv liegt meist näher bei der Tat, als wir denken. Wenn jemand also aufsteht und rumläuft, ist sein Motiv höchstwahrscheinlich, dass er aufstehen und rumlaufen möchte.

Herausforderndes Verhalten als Provokation kann also ganz oft ausgeschlossen werden, weil die Betroffenen gar nicht die nötigen Kompetenzen dazu haben. Bevor wir die Funktion „Provokation" annehmen, müssen wir auf jeden Fall alle anderen Funktionen ausgeschlossen haben.

Wenn wir von einer Provokation ausgehen, machen wir uns das Leben häufig unnötig schwer. Denn Provokation hat wirklich was mit uns als Person zu tun. Für viele der anderen Funktionen gibt es einfachere, praktikablere Lösungen. Wenn Verhalten jedoch Provokation ist, bleibt uns eigentlich nur Beziehungsarbeit. Natürlich gibt es auch das, aber bleiben wir erst mal offen dafür, welche Erklärungen es noch gibt. Viel wahrscheinlicher ist nämlich, dass die Person Freude an den Effekten hat.

3.2 Verhalten, um Personen zu steuern und Effekte auszulösen

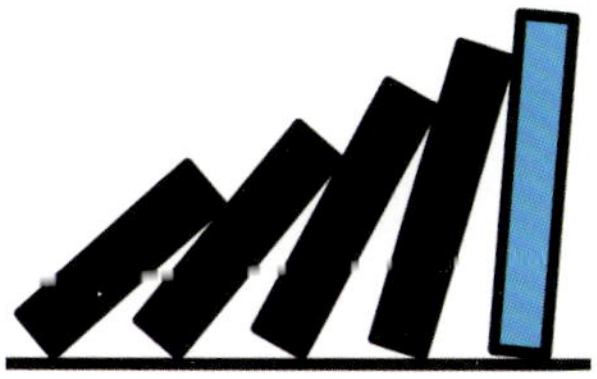

Simon ist 16 Jahre alt. Er spricht nicht. Obwohl er optisch schon sehr erwachsen und männlich wirkt, verhält er sich meist noch eher kindlich. Dies zeigt sich auch bei seinen Interessen: Simon liebt Effekte, insbesondere akustische. Er liebt das Betätigen von Schaltern und Tastern, mit denen er Geräusche auslösen kann. Auf diese Weise sucht er nach Erfahrungen der Selbstwirksamkeit. Als eine neue Lehrerin in seine Klasse kommt, zeigt Simon zunehmend ein Verhalten, das für die Lehrerin ein ernstes Problem ist: Simon greift der Lehrerin immer wieder an die Brust. Auch ihr lautstarker Protest bringt Simon nicht dazu, sein Verhalten zu unterlassen.

Auf den ersten Blick scheint das ein sexuell motiviertes Verhalten zu sein. Wer Simon und seine Begeisterung für Schalter und Geräusche kennt, kann aber beobachten, dass dem Griff an die Brust immer ein ganz spezielles Geräusch der Lehrerin folgt und dass dieses Geräusch Simon helle Freude bereitet. Simon weiß vermutlich nichts darüber, dass Brüste von Frauen eine Zone sind, die man nicht einfach so berühren sollte. Er weiß nur, dass seine Lehrerin dieses wunderbare Geräusch macht, wenn er sie dort berührt. Die Lehrerin an anderen Körperstellen zu berühren, löst dieses Geräusch nicht aus, das hat er bereits ausprobiert. Für Simon ist die Brust also lediglich ein Schalter, mit dem er das für ihn so schöne Geräusch einschalten kann.

Auch Schimpfen kann für die Person eher als interessanter Effekt empfunden werden und weniger als soziale Funktion:

Marvin ist 12 Jahre alt. Immer wieder erlebt seine Schulbegleitung mit ihm Situationen, in denen sie das Gefühl hat, ihn reglementieren zu müssen. Wenn sie mit ihm schimpft, beobachtet sie oft, dass er sehr interessiert wirkt und lächelt. Offensichtlich versteht er also, dass er sie mit seinem Verhalten provoziert. Als sein Lehrer die Situation mit Marvin in einer Einzelförderstunde mittels visuellen Verstehenshilfen besprechen möchte, äußert Marvin, dass er es lustig findet, wenn aus den Augen seiner Schulbegleitung Blitze kommen. Im weiteren Gespräch wird deutlich, dass sich Marvin der Auswirkungen seines Verhaltens auf das Empfinden seiner Schulbegleitung nicht bewusst ist. Er findet es schlichtweg faszinierend, ihre Mimik beim Schimpfen zu beobachten und erzeugt so immer wieder Situationen, in denen sie mit Schimpfen reagiert.

Das Steuern anderer Personen oder das Steuern von Dingen gehört zu den basalen Fähigkeiten. Schon im ersten Lebensjahr lernen Kinder, Spielzeuge in Bewegung zu bringen oder Geräusche auszulösen. Sie lieben es, den Löffel runterzuwerfen und dabei zuzuschauen, wie Papa ihn hundertmal wieder aufhebt. Irgendwann entdecken Kinder den Lichtschalter und viele, viele Male müssen sie ihn drücken, um sicher zu verstehen, dass es wirklich sie selbst sind, die diesen Effekt auslösen.

Andere steuern zu wollen und sich an Effekten zu freuen, ist also eine ganz normale Sache. Und sie bleibt interessant, so lange eine komplexere Interaktionsgestaltung noch nicht möglich ist. Daher ist es nicht verwunderlich, dass wir bei vielen Menschen mit stärkeren kognitiven Einschränkungen auch in höherem Lebensalter Verhalten beobachten können, das darauf abzielt, Personen zu steuern oder Effekte auszulösen.

Um herauszufinden, ob jemand ein Verhalten zeigt, um zu steuern oder Effekte auszulösen, können wir uns zwei Fragen stellen: Wird das Verhalten weniger oder gar nicht gezeigt, wenn der Effekt ausbleibt? Ist der Effekt auch attraktiv, wenn er anders ausgelöst werden kann?

3.3 Verhalten, um etwas zu fordern

Jessica sitzt in der Spielecke und spielt mit einer Puppe. Anne kommt mit ihrer Puppe dazu. Jessica legt ihre Puppe beiseite und will Annes Puppe nehmen. Als Anne ihre Puppe festhält, fängt Jessica an, nach Anne zu schlagen und zu treten.

Mark kommt zu seiner Mutter in die Küche. Er öffnet eine Schranktür, hinter der er die Kekse vermutet. Aber dort sind keine Kekse. Er beginnt zu weinen und zu schreien. Schließlich schmeißt er sich auf den Boden und trommelt mit den Fäusten.

Frau T. nimmt ihre Gruppenleiterin an der Hand. Sie zieht kräftig an der Hand, so dass die Gruppenleiterin ihre Hand schnell wegreißt. Frau T. läuft daraufhin aufgeregt in eine Ecke des Raumes, kehrt um und nimmt die Gruppenleiterin wieder an der Hand. Die Situation wiederholt sich noch mehrmals, bis Frau T. beginnt nach der Gruppenleiterin zu schlagen.

Wer mangelnde Kommunikationsmöglichkeiten hat, dem bleibt oft nur, sich über Verhalten auszudrücken. Hätte Jessica sagen können „Darf ich deine Puppe mal kurz haben?", hätte Anne sie ihr vielleicht gegeben. Hätte Mark seine Mutter nach Keksen fragen können, hätte sie ihm welche gegeben. Und selbst wenn nicht, dann hätte sie Mark aber erklären können, dass keine mehr im Haus sind, er aber Gummibärchen haben könnte, oder dass es gleich Abendessen gibt und er den Keks dann zum Nachtisch bekommt. Hätte Frau T. zu ihrer Gruppenleiterin sagen können „Komm mit und hilf mir! Mein Spind geht nicht auf.", dann hätte sie sie nicht anfassen und auch nicht ziehen müssen. Und hätte die Gruppenleiterin das verstanden, hätte Frau T. am Ende auch nicht aus Frust begonnen, nach ihr zu schlagen.

In vielen Fällen drücken Menschen mit eingeschränkten Kommunikationsmöglichkeiten über ihr Verhalten aus, was sie haben wollen. Sie fordern damit Aktivitäten, Spielsachen oder andere Objekte, Lebensmittel Getränke oder Hilfe. Und sie haben keine bessere Möglichkeit, das zu tun.

Herausforderndes Verhalten kann auch Ausdruck von Frustration bei misslungener Kommunikation sein. Vielleicht wurde die Person falsch verstanden oder bekam etwas, obwohl sie etwas anderes wollte. Vielleicht hat die Person eine Frage und kann sie nicht stellen. Wem diese Kommunikationsmöglichkeiten fehlen, der hat meist auch nicht die Kompetenzen auszudrücken, dass bei der Kommunikation gerade etwas schief lief.

Wenn wir vermuten, dass ein Verhalten gezeigt wird, um etwas zu fordern, können wir das ziemlich leicht überprüfen: Wird das Verhalten noch gezeigt, wenn das Bedürfnis erfüllt wurde? Um das Verhalten zu verstehen, sollten wir also unbedingt mitgehen, wenn uns jemand am Arm zieht, Schränke öffnen, auf die jemand zeigt, und versuchen herauszufinden, was jemand möchte. Wenn er dann sein Ziel erreicht hat und das herausfordernde Verhalten aufhört, haben wir etwas gelernt. Das heißt noch lange nicht, dass wir immer und jedem Fordern auch nachkommen müssen. Aber wir müssen es hören und verstehen und unser Verstehen der Person dann auch rückmelden.

3.4 Verhalten, um etwas abzulehnen

Peer soll im Sachunterricht Bilder von Tieren ausschneiden. Er wirft Schere und Arbeitsblatt vom Tisch und schubst die Lehrerin weg. Dann steht er auf und läuft aus dem Zimmer.

Marina sitzt schon mit der Gabel in der Hand am Esstisch, als ihre Mutter den Teller bringt. Sie schaut mit großen Augen auf das Mittagessen. Wenige Sekunden später liegt der Teller samt Essen auf dem Boden.

Solche Situationen kennen wir alle. Dieses Verhalten drückt aus: „Ich will das nicht". Alle Menschen wollen mal etwas nicht. Aber die meisten haben angemessenere Möglichkeiten, das auszudrücken. Sie maulen vielleicht, weil es schon wieder Kartoffeln gibt, oder sagen „Ich habe keinen Bock!", wenn sie eine Aufgabe bekommen. Wer nicht sprechen kann und über keine alternative Kommunikationsform verfügt, der hat keine andere Möglichkeit als Ablehnung über sein Verhalten zu zeigen.

Verhalten als Ablehnung zu erkennen, fällt uns meist noch recht leicht. Schwieriger ist es schon zu erkennen, warum jemand etwas ablehnt. Vielleicht weil die Aufgabe inhaltlich zu schwierig ist? Oder vielleicht eher zu leicht? Vielleicht aber auch, weil nicht ganz klar ist, was hier zu tun ist, oder die Person einfach gerade keine Lust auf diese Aufgabe hat?

Wenn eine Person Problemverhalten zeigt, um etwas abzulehnen, müssen wir herausfinden, was genau abgelehnt wird.

Petra sitzt auf dem Sofa und schaut Fernsehen. Ihre Mutter ruft aus der Küche, dass sie den Fernseher ausmachen und den Tisch für das Abendessen decken soll. Petra fängt an zu schreien.

Die Vermutung liegt nahe, dass Petra keine Lust hat, den Tisch zu decken. Ihr Verhalten könnte also – wie oben beschrieben – als Kommunikation zur Ablehnung von etwas verstanden werden. Genauso gut ist aber denkbar, dass Petra einfach gerne weiter fernsehen möchte. Auf den ersten Blick ist das nicht immer zu unterscheiden, aber es macht einen gewaltigen Unterschied.

Wenn wir herausfinden wollen, ob ein Verhalten gezeigt wird, um etwas abzulehnen, müssen wir die gestellte Anforderung weglassen. Wenn die Person ihr Verhalten dann beendet, liegen wir richtig. Auch das bedeutet nicht, dass wir keine Anforderungen mehr stellen dürfen, aber wir müssen die Anforderungen vermutlich anpassen. Aber dazu kommen wir später.

3.5 Verhalten aufgrund eines Missverständnisses

Überall da, wo Menschen miteinander kommunizieren, besteht die Gefahr eines Missverständnisses. Auch uns passiert es immer wieder, dass wir andere falsch verstehen. Menschen mit eingeschränkten Kommunikationsmöglichkeiten oder schlechtem Sprachverständnis passiert das noch viel häufiger. Und im Gegensatz zu uns haben sie meist nicht die Möglichkeit, diese Missverständnisse aufzuklären.

Felix steht von seinem Platz im Stuhlkreis auf und läuft durchs Klassenzimmer. Frau P. sagt zu ihm: „Setz dich sofort hin!". Felix setzt sich auf den Boden.

Wir alle ahnen, dass Frau P. meinte, Felix solle sich sofort wieder auf seinen Stuhl setzen. Sein „auf den Boden setzen" ist für Frau P. daher eine Herausforderung oder Provokation. Genau genommen hat Felix exakt das getan, was ihm gesagt wurde. Er hat sich sofort hingesetzt. Wenn nun schon wieder mit ihm geschimpft wird, versteht er nicht, warum. Sein Verhalten war einfach nur die Folge eines Missverständnisses, aber er kann es nicht aufklären.

Wer Schwierigkeiten im Bereich der Theory of Mind hat, kann oft nicht ausreichend „zwischen den Zeilen lesen" und nimmt Sprache vielleicht sehr wörtlich.

> *Im Klassenzimmer war das Fenster zum Lüften offen. Frau L. sagt zu Elias: „Kannst du das Fenster zumachen?", Elias antwortet: „Ja." Dann fährt er mit dem fort, womit er gerade beschäftigt war.*

Verweigert Elias, worum Frau L. ihn gebeten hat? Nein, denn Frau L. hat ihn nicht gebeten, das Fenster zu schließen. Sie hat lediglich gefragt, ob er das Fenster zu machen ***KANN***. Und klar, Elias ***KANN*** das. Er konnte sich aber nicht vorstellen, dass Frau L. mit dieser Frage etwas anderes meint.

Wenn wir eine Situation zum ersten Mal erleben, wissen wir meist nicht, wie wir uns verhalten sollen. Aber wir können auf viele Erfahrungen zurückgreifen, die wir in ähnlichen Situationen gemacht haben. Menschen mit einer schwachen zentralen Kohärenz haben Schwierigkeiten, zu generalisieren. Sie erkennen die Gemeinsamkeiten verschiedener Situationen nicht so leicht, sie können also weniger gut Erfahrungen auf neue Situationen übertragen. Wie also sollen sie wissen, wie sie sich in solchen für sie neuen Situationen verhalten sollen? Es ist dabei sehr individuell, was als

„neue" Situation bewertet wird. Für manche Menschen mag eine Situation *neu* sein, wenn eine andere Person dabei oder das Wetter oder der Ort anders ist. Obwohl sie diese Situation unserer Meinung nach schon tausend Mal erlebt haben – für sie ist es eine neue Situation. Manchmal kommt es auch zu einer falschen Generalisierung und die Person greift dann vielleicht auf ein Verhalten zurück, dass ihrer Meinung nach für diese Situation passend ist.

> *Nadines Tante heiratet heute. Alle machen sich schick und gehen zur Kirche. Als Nadine die Kirche betritt, beginnt sie laut zu heulen.*

Problemverhalten als Missverständnis: Als Nadine das letzte Mal in einer Kirche war, wurde jemand beerdigt. Alle haben geweint. Nadine hat eine falsche Generalisierung getroffen.

Um herauszufinden, ob ein Missverständnis Auslöser des Verhaltens war, sollten wir überlegen, ob unsere Sprache mehrdeutig war, wie gut das Sprachverständnis der Person ist, wie gut ihre zentrale Kohärenz ist, ob die Person generalisieren kann und ob es häufiger zu Missverständnissen kommt.

3.6 Verhalten, um Kontakt aufzunehmen und Aufmerksamkeit zu fordern

Olaf setzt sich in den Stuhlkreis neben seinen Mitschüler. Plötzlich kneift er ihn in den Oberarm. Die Aufregung und das Geschrei seines Mitschülers bringen Olaf zum Lächeln.

Ärgert, provoziert Olaf gerne? Oder quält er sogar seine Mitschüler? Die anderen Schüler der Klasse machen ebenfalls etwas, wenn sie morgens in die Klasse kommen. Sie begrüßen sich: klatschen ab, umarmen sich. Und sie sprechen miteinander. Olaf hat auch eine Möglichkeit gefunden, seine Mitschüler auf sich aufmerksam zu machen und mit ihnen Kontakt aufzunehmen. Leider hat er keine bessere Möglichkeit gefunden als zu kneifen. Kurzfristig erreicht er damit sein Ziel: die Mitschüler reagieren auf ihn. Langfristig ist dieser Weg natürlich nicht erfolgreich, denn die Mitschüler wenden sich zunehmend ab und suchen sich jetzt schon lieber einen Platz auf der anderen Seite des Stuhlkreises.

Wenn Luis Frau F. in der Schule trifft, spricht er sie immer mit der gleichen Frage an: „Montag bis Mittwoch?" Er will sich vergewissern, ob sie Montag bis Mittwoch wirklich in der Schule ist. Wenn das geklärt ist, fragt er: „Donnerstag, Freitag?" An diesen Tagen arbeitet Frau F. nicht in der Schule. Luis reicht als Antwort „Nicht da." Anschließend läuft Luis zufrieden weiter. Bei der nächsten Begegnung wird er wieder die gleiche Frage stellen. Auch wenn die nächste Begegnung bereits in einer halben Stunde stattfindet und egal, wie oft sich die beiden begegnen. Andere Fragen stellt Luis nicht.

Warum macht er das? Als Luis diese Frage zum ersten Mal gestellt hat, war Frau F. sehr beeindruckt von Luis Auffassungsgabe, da er schon nach wenigen Wochen das Muster ihrer Arbeitszeiten erkannt hatte und reagierte entsprechend begeistert auf seine Frage. Dieser erste Kontakt war also mehr als gelungen. Luis hält an dieser Form fest: „Never change a running system!". Luis gestaltet eine für ihn vorhersehbare Interaktion, die nach bekanntem, vertrautem Schema abläuft. Es ist eine Interaktion, die er auf jeden Fall hinbekommt. Diese für ihn erfolgreiche Kommunikationssituation nervt Frau F. aber bereits nach kurzer Zeit. Sie reagiert immer weniger freundlich auf die Frage. Luis aber kann nicht verstehen, warum.

> *Herr M. arbeitet alleine an seinem Arbeitsplatz. Plötzlich schreit er kurz, aber laut auf. Wenn niemand kommt und sich neben ihn setzt, wiederholt er diesen Schrei in immer kürzeren Abständen, bis er schließlich sein Arbeitsmaterial vom Tisch fegt und aus dem Zimmer läuft. Herr M. kann diese Aufgabe eigentlich ganz allein und ohne Hilfe bewältigen. Niemand versteht, warum er plötzlich schreit.*

Herr M. braucht zwar keine Hilfe bei der Aufgabe, aber vielleicht braucht er ein Lob für das bisher Geschaffte oder Motivation um den Rest auch noch zu schaffen. Vielleicht braucht er auch das Gefühl, dass jemand da und erreichbar ist. Gerade, wenn Bezugspersonen nicht (ein)sehen, dass jemand Aufmerksamkeit sucht, wird diese Aufmerksamkeit manchmal auf ganz massive Weise eingefordert.

In der frühkindlichen Entwicklung gibt es eine sehr lange Phase, in der Kinder zwar unabhängiger werden, aber trotzdem noch die sichere Bindung an ihre Eltern brauchen. Es ist ihnen erst einmal nur dann möglich, alleine zu spielen, solange sie es in Sichtweite ihrer Eltern tun können. Immer wieder versichern sie sich mit einem Blick, dass die Eltern noch da sind. Und immer mal wieder stehen sie auf und laufen schnell zu Mama oder Papa hin oder rufen nach den Eltern.

Viele Menschen mit herausforderndem Verhalten haben auch mit höherem Lebensalter noch nicht eine ihrem Alter entsprechende emotionale Entwicklung gemacht. Dann brauchen sie sichere Bindungen und müssen sich daher wie kleinere Kinder ständig der Aufmerksamkeit ihrer Bezugspersonen versichern. Was wir aber bei ganz kleinen Kindern völlig normal finden, befremdet uns bei größeren Kindern oder gar Erwachsenen jedoch sehr häufig.

Ob es bei dem herausfordernden Verhalten einer Person um Kontaktaufnahme oder das Fordern von Aufmerksamkeit geht, kann überprüft werden, indem wir versuchen, ihrem augenscheinlichen Nachfragen „zuvorzukommen". Kneift Olaf seine Mitschüler auch noch, wenn diese Olaf beim Hereinkommen umarmen und ansprechen? Stellt Luis auch noch seine Frage, wenn Frau F. auf ihn zugeht, sobald sie ihn sieht, und ein Gespräch initiiert? Schreit Marco weniger, wenn wir in sehr regelmäßigen Abständen bei ihm vorbeigehen, ihm die Hand auf die Schulter legen und ihn zur Weiterarbeit ermutigen?

3.7 Verhalten, um die Kontrolle zu behalten

Laila freut sich wie jeden Freitag schon auf den Schwimmunterricht. Doch heute ist die Schwimmlehrerin krank. Der Schwimmunterricht fällt aus. Frau G. verkündet, dass die Klasse stattdessen einen Film schauen wird. Alle Kinder aus der Klasse freuen sich, nur Laila schnappt ihre Schwimmsachen und rennt aus dem Zimmer.

Veränderte Abläufe führen immer wieder zu herausforderndem Verhalten. Für uns ist das nicht immer verständlich. Denn Laila zum Beispiel schaut gerne Filme. Frau G. hat aus genau diesem Grund diese Alternative gewählt. Sie weiß ja, wie gerne die Klasse – und vor allem Laila – zum Schwimmen geht. Laila aber hatte sich bereits auf Schwimmen eingestellt. Ihre exekutiven Funktionen sind jetzt gefragt, wenn sie mit dieser veränderten Situation klarkommen soll. Sie kann sich aber nicht so schnell umstellen, wie es von ihr erwartet wird. Hinzu kommt, dass Laila vielleicht sogar Angst hat, dass sie ab jetzt jeden Freitag einen Film anschauen muss, anstatt schwimmen zu gehen, weil sie den Zusammenhang zwischen einer kranken Lehrerin und dem ausfallenden Schwimmunterricht nicht verstanden hat. Und wahrscheinlich hat sie auch nicht erkannt, dass kranke Lehrer in der Regel nach einiger Zeit wieder gesund sind und dann alles wieder normal läuft.

Aber nicht nur Veränderungen im geplanten Ablauf können zu herausforderndem Verhalten führen, auch eine Vertretung in der Betreuung ist ein häufiger Auslöser. Übernimmt eine andere Person die Betreuung, egal wie bemüht sie auch ist, ist es kaum möglich einen vertrauten Ablauf 1:1 umzusetzen. Und gute Beobachter, und dazu zählen Menschen mit schwacher zentraler Kohärenz und der dazugehörigen Aufmerksamkeit für Details, werden vermutlich eine ganze Menge Veränderungen feststellen. Die Vertretung hat eine andere Stimme, sieht anders aus, riecht anders, macht Dinge in anderer Reihenfolge oder benennt Dinge anders. Für gute Beobachter gibt es selbst in ganz banalen Situationen so vieles, was wahrgenommen und verarbeitet werden muss und worauf es sich einzustellen gilt. Manchmal ist das dann einfach zu viel. Hinzu kommt auch noch, dass Vertretungen die betroffene Person in der Regel nicht so gut kennen, ihre Kommunikation weniger gut verstehen und weniger über ihre Vorlieben und Abneigungen wissen. Auch das führt zu Konflikten, die ohne gute Kommunikationsfähigkeiten nur mit Verhalten zum Ausdruck gebracht werden können.

Heute hat irgendwie alles länger gedauert als sonst. Pascal muss sich jetzt wirklich beeilen, denn gleich ist Pause und anschließend geht es direkt zum Schwimmunterricht. Aber kein gutes Zureden bringt Pascal dazu, schneller zu frühstücken. Frau G. schnappt sich also seine Dose, als er endlich fertig ist, um sie für ihn aufzuräumen. Das aber macht Pascal normalerweise alleine. Er reißt die Dose an sich und stellt sie wieder auf den Tisch. Denn das macht er immer alleine und zuerst möchte er wie immer seine Flasche wegräumen, erst dann ist seine Brotdose an der Reihe. Das alles macht er mit der gleichen Ruhe, Reihenfolge und im gleichen Tempo wie sonst auch.

Vielen Menschen mit schwacher zentraler Kohärenz fällt es sehr schwer, sich auf etwas zu konzentrieren. Viele haben aber erfolgreiche Strategien, um es doch zu schaffen. Dazu gehört wahrscheinlich auch, sich von Reizen aus der Umgebung abzuschotten. Wenn andere sie in ihrem Tun unterbrechen, wird ihnen genau das zum Verhängnis. Denn dazu müssen sie ihre Aufmerksamkeit lösen, neu ausrichten und anschließend erst einmal erfassen, was jetzt von ihnen erwartet wird. Die Person braucht jetzt viele ihrer Ressourcen, um die neue Handlung zu planen und dann damit auch zu beginnen. Für diesen Prozess sind eine Menge exekutiver Funktionen nötig. Da diese nicht so gut funktionieren, erfordert das eine Menge Zeit, meist sehr viel mehr als wir der Person geben wollen. Um die Kontrolle zu behalten, versucht Pascal, ihm vertraute Muster zu nutzen.

Auch wir werden oftmals ungern unterbrochen. Aber im Gegensatz zu den Menschen, um die es hier vor allem geht, sind wir sehr selbstbestimmt und werden viel seltener „herumkommandiert". Und sollte es doch einmal passieren und uns zu viel werden, haben wir ausreichend kommunikative Möglichkeiten. Wir sagen Sachen wie „Warte bitte kurz", „Ich komme gleich", „Eine Minute noch" oder auch mal „Jetzt nicht!". All diese Möglichkeiten fehlen Menschen mit eingeschränkter Kommunikation. Übergänge in neue Situationen sind daher ganz häufig Auslöser für Problemverhalten. Dabei sagt die Person mit ihrem Verhalten eigentlich nur: „Ich möchte das noch weitermachen" oder „Ich brauche noch etwas Zeit, um mich umzustellen". Pascal aus unserem Beispiel legt viel Wert auf Routinen. Alles muss immer gleich ablaufen. Neue und unbekannte Situationen oder Anforderungen können Unsicherheit und Orientierungslosigkeit hervorrufen. Gerade wenn etwas Unvorhergesehenes passiert, besteht Pascal schon fast zwanghaft auf seinen Routinen. Wenn man versucht, Pascal davon abzuhalten, diese Routinen durchzuführen, oder auch nur den Ablauf zu beschleunigen, wird Pascal sehr wütend. Pascal hat kein wirklich gutes Zeitgefühl, er weiß nicht, wann die Pause beginnen wird und was danach ansteht. Aber er spürt den Stress der Lehrerin. Gerade dann, wenn alle um ihn herum nervös werden, beharrt Pascal besonders auf seinen Routinen, denn die geben ihm Sicherheit. Pascal versucht, die Kontrolle zu behalten, in dem er genau das tut, was er immer tut.

Eine weitere typische Situation, in der herausforderndes Verhalten auftritt, ist beim Warten. Warten ist für uns alle unangenehm. Wir können aber einigermaßen gut damit umgehen, wenn wir wissen, wie lange wir warten müssen, und wenn wir ein Konzept haben, was wir in der Wartezeit tun könnten. Die meisten von uns werden wohl ihr Smartphone zücken, Mails oder die sozialen Netze checken. Manche holen ihr Buch raus, andere hören Musik. Viele der Menschen, um die es in diesem Buch geht, haben keinen guten Überblick über Zeit und ihnen fehlen die Konzepte, was sie mit der Wartezeit anfangen können. Und häufig genug bekommen sie auch gar nicht gesagt, wie lange sie warten müssen.

Ein Verhalten, dass dazu dient, die Kontrolle zu bewahren, indem auf Routinen bestanden wird, wird also von Situationen ausgelöst, die überfordernd sind, weil eigentlich klare Abläufe verändert wurden oder weil die Situation überhaupt keine klare Struktur hat.

Um herauszufinden, ob das Verhalten diese Funktion hat, müssen wir genau beobachten, in welchen Situationen es gezeigt wird und in welchen nicht. Wird das Verhalten in bekannten Situationen weniger gezeigt? Oder wird das Verhalten vielleicht weniger gezeigt, wenn die Situation sehr gut strukturiert ist?

3.8 Verhalten, um unangenehme Wahrnehmungen zu überlagern oder zu vermeiden

Herr A. brummt und lautiert immer. Je lauter seine Umgebung ist, desto lauter ist auch Herr A. Am liebsten hält er sich dazu noch die Ohren zu und scheint „in sich hinein zu hören".

Herr A. ist sehr geräuschempfindlich. Er erschrickt bei plötzlichen Geräuschen, stört sich auch an Geräuschen, die für sein Umfeld sonst kaum hörbar sind. Diese Geräusche übertönt Herr A. am liebsten durch seine eigenen. Diese sind ihm ja vertraut und sie kommen niemals plötzlich und überraschend. Dementsprechend sind ihm diese Geräusche viel angenehmer als alles andere, was es sonst noch zu hören gibt.

Petra kratzt sich immer wieder, bis sie blutet. Wenn sie anfängt zu bluten, hört sie meist für einige Zeit auf. Aber auch verschorfte Wunden kratzt sie immer wieder auf.

Petra hat sehr trockene Haut. Vermutlich juckt ihre Haut. Juckreiz kann durch Schmerz überlagert werden. Und da Petra keine Möglichkeit hat, auf ihren Juckreiz aufmerksam zu machen, und da sie auch nicht weiß, welche Möglichkeiten es noch gibt, ist es für sie die einzige Möglichkeit etwas gegen diese unangenehme Empfindung zu tun.

Silas zieht sich immer wieder Pullover und T-Shirt aus. Dabei scheint es ihm egal zu sein, welche Temperaturen herrschen oder ob er damit im Supermarkt alle Blicke auf sich zieht.

Wir alle kennen kratzende Pullover und die wenigsten von uns tragen Wollpullover auf der nackten Haut. Silas Haut ist besonders sensibel. Er spürt jede Bewegung seines Körpers, weil die Kleidung dabei unangenehm an der Haut reibt. Ohne Kleidung gibt es weniger Reibung und damit weniger Wahrnehmungen auf der Haut.

Menschen mit besonders sensibler Wahrnehmung oder mit Einschränkungen in der Wahrnehmungsverarbeitung erleben schneller und häufiger sensorische Überforderungen. Diese könnten qualitativ sein, weil gewisse Reize unerträglich sind, oder auch quantitativ, weil die Menge an Reizen überfordert.

Um die Hypothese zu überprüfen, dass es sich um ein Verhalten handelt, das Wahrnehmungen überlagern soll, müssen wir beobachten, ob das Verhalten in reizarmer Umgebung weniger gezeigt wird oder ob es aufhört, wenn ein bestimmter Reiz (wie der kratzende Pullover) wegfällt.

3.9 Verhalten, um Unwohlsein auszudrücken

Erhan schlägt sich seit kurzer Zeit massiv auf die Backe. Manchmal fängt er dann an zu weinen. Das Verhalten hat er vorher nie gezeigt. Und es scheint keine Reaktion auf einen äußeren Auslöser zu sein. Einige Wochen später entdeckt der Zahnarzt einen total entzündeten Backenzahn.

Schmerzen können massive Verhaltensweisen hervorrufen. Wer schon einmal pulsierende Zahnschmerzen hatte, der hat sich vielleicht auch dabei ertappt, Druck auf die schmerzende Stelle auszuüben, obwohl es wehtut. Aber dieser Schmerz ist kontrolliert und steuerbar und damit weniger unangenehm.

Viele Menschen mit schweren Beeinträchtigungen können Schmerzen unter Umständen gar nicht richtig lokalisieren und sie können sie häufig nicht ausreichend äußern. Ein Bogen zur Evaluation von Schmerzzeichen (vgl. Belot 2009) kann helfen, Schmerzen zu erkennen, auch wenn eine Person keine Möglichkeit hat, diese zu äußern.

3.10 Verhalten als Stimulation

Frau M. schaukelt mit dem Oberkörper.
Selma zupft an ihrem Ärmel.
Teresa beißt auf ihren Stift.

Alle drei machen das vor allem dann, wenn um sie herum nicht so viel los ist oder wenn sie das, was um sie herum los ist, nicht gerade spannend finden. Alle drei sehen dabei zufrieden aus. Frau M., Selma und Teresa machen etwas, das sich für sie schön anfühlt. Sie verschaffen sich angenehme Wahrnehmungen. Und das tun sie vor allem dann, wenn es sonst gerade nichts Angenehmes wahrzunehmen gibt.

Man nennt dieses Verhalten „Stimming", abgeleitet vom englischen Begriff „self-stimulating behavior" – also selbststimulierendes Verhalten. Stimming ist ein Verhalten, das positiv stimuliert, das der Person angenehme Wahrnehmungen verschafft. Es handelt sich also eigentlich um ein positives Verhalten, das für uns meist deshalb herausfordernd wirkt, weil es uns fremd ist und weil es in der Öffentlichkeit die Aufmerksamkeit auf sich zieht. Solange dieses Verhalten niemandem schadet, sollten wir es nicht verhindern. Alternativen müssen nur dann gefunden werden, wenn das Verhalten anderen schadet oder für die Person selbst langfristig negative Folgen haben könnte. Ob ein Verhalten als Stimulierung eingesetzt wird, erkennen wir daran, dass die Person es in ruhigen Phasen zeigt und während und nach dem Verhalten zufrieden wirkt.

Bei Personen, denen es nicht gut geht, kann Stimming ebenfalls beobachtet werden. Dann hat Stimming, wie auch andere Dinge, die uns gut tun, eine regulierende Wirkung und senkt den Stress. Aber dazu müssen wir jetzt erst einmal ein wenig weiter ausholen. Stimming wird als allgemeiner Begriff verwendet, und meint sowohl das Verhalten zur Stimulation als auch das Verhalten zur Regulation. Für die deutlichere Abgrenzung der beiden Funktionen werden wir den Begriff Stimming nur dann verwenden, wenn es um Stimulation geht.

3.11 Verhalten zur Regulation

Als Peter morgens aufsteht, ist er ausgeschlafen, ausgeglichen und fröhlich. Den ersten kleinen Konflikt gibt es beim Anziehen. Sein Lieblingspulli ist nämlich in der Wäsche und nun muss Peter einen anderen anziehen. Das Erregungsniveau steigt. Am Frühstückstisch kommt Peter wieder ein bisschen „runter". Denn es gibt all die leckeren Sachen, die Peter morgens gerne mag. Viel zu schnell vergeht die Frühstückszeit und Peter muss sich beeilen. Er muss schnell die Jacke anziehen und raus, denn der Schulbus steht schon vor der Tür. Im Bus läuft das Radio ziemlich laut und die anderen sind noch lauter. An der Schule angekommen kann Peter erst mal kurz in die Spielecke, bis auch alle anderen Kinder aus seiner Klasse angekommen sind. Jetzt geht es ihm wieder ein bisschen besser. Aber dann kommt die Lehrerin und fordert ihn auf, sein Spielzeug jetzt wegzulegen und in den Stuhlkreis zu kommen. Peter schlägt die angebotene Hand weg und fängt an, mit Spielsachen nach der Lehrerin zu werfen.

An dieser Stelle möchten wir ein Modell vorstellen, das alle bisher aufgeführten Funktionen, Auslöser und Ursachen von herausforderndem Verhalten einschließen kann. Das Modell vom Stress oder von zunehmender Erregung. Und um dieses Modell zu verstehen, denken wir zunächst mal kurz über uns selbst nach.

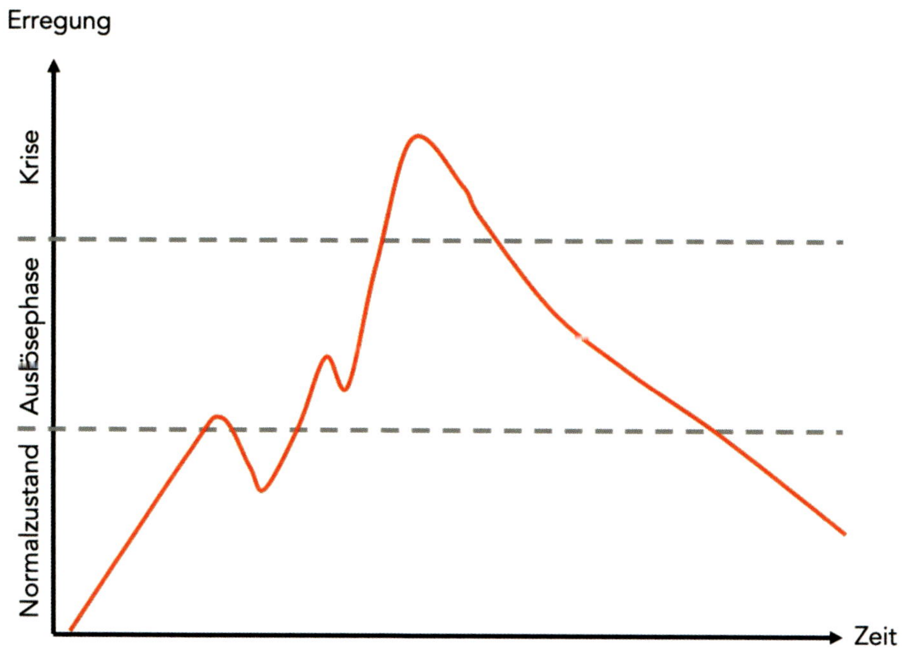

Abbildung: Das Erregungsniveau ist unterschiedlich hoch.

Schauen wir uns unser Erregungsniveau in einem bestimmten Zeitraum an, so ist es in diesem Zeitraum nicht immer gleich hoch, es variiert. Bei niedriger Erregung befinden wir uns in einem Normalzustand. Es geht uns gut. Wir können uns gut kontrollieren, sind ausgeglichen und entspannt. Immer wieder gibt es Dinge, die unseren Stresspegel erhöhen, unser Erregungsniveau ansteigen lassen. Wir müssen uns beeilen und viele Dinge gleichzeitig machen. Vielleicht bleibt keine Zeit für eine richtige Pause oder im Kühlschrank ist keine Milch mehr. Den leckeren Cappuccino, den wir trinken wollten, können wir uns so nicht machen. Wir nähern uns der nächsten Zone, der sogenannten „Auslösephase". Wir können uns zwar immer noch kontrollieren, aber wir sind angespannt, ein bisschen gereizt, und wir fühlen uns nicht mehr so wohl wie zuvor. In der Regel versuchen wir nun, uns zu regulieren. Jeder hat da andere Strategien. Wir tun uns etwas Gutes, essen ein Stück Schokolade oder lenken uns ab. Wir denken an etwas anderes. Vielleicht stellen wir uns vor, wie wir nach Hause kommen und dann einen Cappuccino trinken werden oder uns am besten gleich ins nächste Café setzen werden. Wir regulieren uns und unser Erregungsniveau sinkt wieder ein bisschen. Aber wieder passieren Sachen, die uns nerven. Da kommt noch jemand und will was von uns, obwohl wir gerade schon nicht mit dem fertig werden, was noch an Arbeit vor uns liegt. Der Pegel steigt. Wenn wir es jetzt nicht mehr schaffen, uns zu beruhigen, und uns fällt vielleicht etwas runter und geht kaputt, übersteigen wir diese kritische Marke: Dann haben wir eine sogenannte Krise. Wir verlieren die Kontrolle und rasten aus. Wir schreien rum oder fluchen oder kicken die runtergefallene Tasse auch noch in die Ecke. Möglicherweise betrachtet unser Umfeld unser Verhalten jetzt gerade als herausfordernd.

Eine erhöhte Erregung kann zahlreiche verschiedene Auslöser haben und diese können individuell sehr unterschiedlich sein. Folgende Auslöser begegnen uns besonders häufig:

- Wer keine Kommunikationsmöglichkeiten hat, um etwas zu fordern oder abzulehnen, bei dem lässt eine misslungene Kommunikationssituation das Erregungsniveau steigen.
- Wer so gerne noch die Fernsehsendung fertig schauen möchte, aber jetzt den Tisch decken soll, der reagiert erregt.
- Wer sich schwer anpassen kann, aber plötzlich lauter Veränderungen verkraften soll, der ist gestresst.
- Wer Schmerzen hat und die dann nicht äußern kann, wer unangenehmen oder zu lauten Geräuschen ausgesetzt ist, fühlt sich unter Strom.

Es gibt eine ganze Menge Faktoren, die zu einem erhöhten Erregungsniveau beitragen können. Dabei kann man noch unterscheiden zwischen Faktoren, die langfristig wirken, und Faktoren, die situativ auftreten.

Faktoren, die das Erregungsniveau langfristig, also ständig, erhöhen:

- schwache zentrale Kohärenz
- Schwierigkeiten bei den exekutiven Funktionen
- schwache Impulskontrolle
- geringe Flexibilität, schwache Anpassungsfähigkeit
- Einschränkungen in der Kommunikation
- Überforderung durch zu hohe Anforderungen
- mangelnde Struktur, Orientierungslosigkeit
- Schwierigkeiten bei der Wahrnehmung oder der Verarbeitung
- soziale Ausgrenzung
- Schlafstörungen
- Schmerzen

Langfristige Faktoren erhöhen das Erregungsniveau permanent. Wir können uns also eine Kurve vorstellen, die jeden Tag auf einem höheren Niveau beginnt als beim Tag davor.

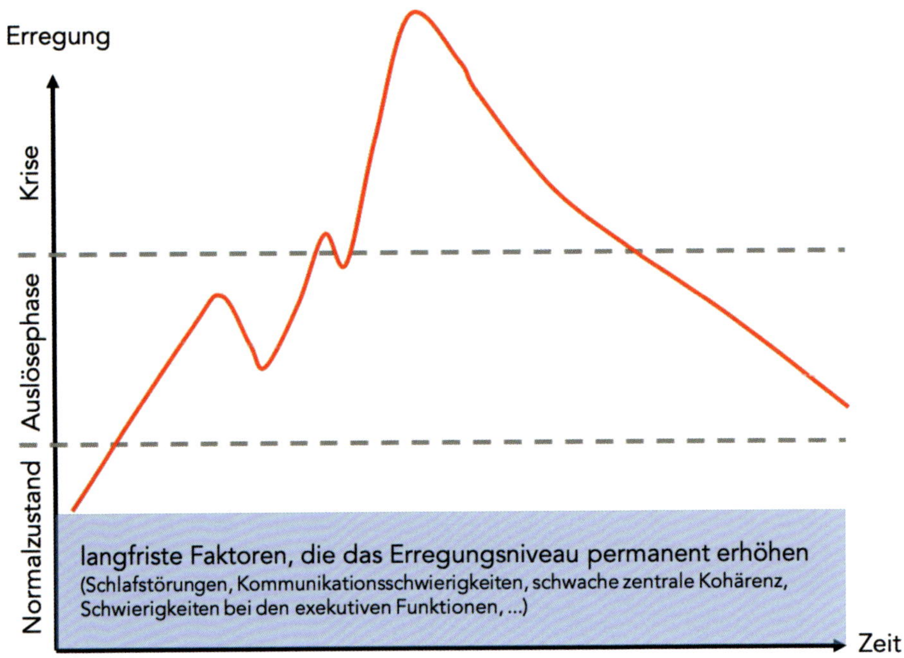

Abbildung: Langfristige Faktoren erhöhen das Erregungsniveau permanent.

Dieser erhöhte Erregungszustand wird zusätzlich von situativen Faktoren beeinflusst:

- situativ gestellte Anforderungen/Aufgaben
- Konflikte (auch zwischen zwei anderen Personen)
- misslungene Kommunikation (etwas nicht verstehen oder nicht verstanden werden)
- situative Schmerzen (sich stoßen, hinfallen)
- unerwartete Geräusche
- plötzliche Veränderungen im Ablauf, in der Ordnung
- Vertretungen in der Betreuung

Das Modell hilft uns zu verstehen, wie die erhöhte Erregung entsteht. Und wir können sehen, dass der Erregungszustand auf zwei ganz verschiedenen Weisen zu herausforderndem Verhalten führen kann.

- Verhalten zur Regulation
- Verhalten als Ausdruck einer Krise

> *Mitten in einer Phase konzentrierter Arbeit steht Sara auf, springt in die Höhe und läuft dann im Seitgalopp mehrmals quer durchs Klassenzimmer. Anschließend setzt sie sich wieder an ihren Platz und arbeitet weiter.*

Alle Menschen haben Regulationsstrategien. Bei vielen Menschen sind das mentale Strategien: tief durchatmen, bis zehn zählen, sich etwas Schönes vorstellen. Bei Menschen mit kognitiven Beeinträchtigungen sind es eher regulierende Verhaltensweisen: den Oberkörper schaukeln, wedeln, lautieren, schreien, rennen, sich selbst in die Hand beißen.

Diese Verhaltensweisen sind für uns herausfordernd, für die Person selbst erfüllen sie aber einen ganz hervorragenden Zweck: Sie regulieren und senken somit das Erregungsniveau. Sie sorgen dafür, dass die Kurve des Erregungszustandes fällt und nicht noch weiter steigt. Somit handelt es sich um ganz wichtige Verhaltensweisen, die wir nicht unterbinden dürfen. Wenn wir Regulation verhindern, kann der Erregungszustand weiter ansteigen und wir nähern wir uns weiter der kritischen Marke mit einer neuen Art von herausforderndem Verhalten: einer Krise.

Ob ein Verhalten zur Regulation eingesetzt wird, erfordert ein gutes Gespür für den Erregungszustand der Person. Wir werden in Kapitel 4.3 ein

Instrument vorstellen, mit dem der Erregungszustand genauer beschrieben und anschließend besser eingeschätzt werden kann. Tritt das Verhalten gemeinsam mit anderen Anzeichen eines erhöhten Erregungszustandes auf? Senkt das Verhalten den Erregungszustand? Können wir diese Fragen mit Ja beantworten, dann haben wir es mit regulierenden Verhalten zu tun.

3.12 Verhalten als Ausdruck einer Krise

Jeder Mensch kann Anspannung nur bis zu einem bestimmten Grad aus-

halten. Übersteigt die Anspannung diesen Grad, kommt es zu einer Krise. Was dann kommt, sieht für das Umfeld nach „ausrasten" aus. Es ist meist ein Problemverhalten anderer Intensität. Wir spüren, dass etwas „außer Kontrolle" geraten ist. Häufig kommt es zu massiver Fremdverletzung, Selbstverletzung, zur Zerstörung von Gegenständen oder zu einer Erstarrung der Person.

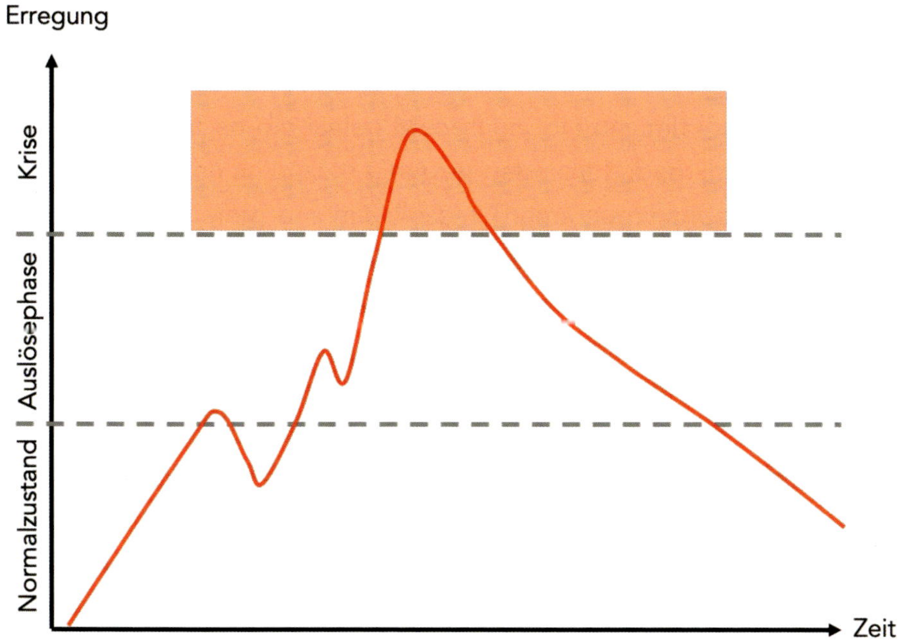

Abbildung: Übersteigt das Erregungsniveau ein bestimmtes Niveau, verliert die Person die Kontrolle über sich.

Die betroffene Person selbst empfindet ein psychisches Chaos. Sie hat sich selbst nicht mehr unter Kontrolle, kann also ihr Verhalten nicht mehr steuern und ist daher auch für gutes Zureden oder Ermahnungen unempfänglich.

Es gibt verschiedene Begriffe für die Krise: „Overload" bedeutet, dass etwas „überladen" wurde, also das sprichwörtliche Fass zum Überlaufen gebracht wurde. Dieser Begriff beschreibt, dass äußere Einflüsse zu der Krise führen. Auch der Begriff „Meltdown" wird für eine Krise verwendet. Der Begriff meint eigentlich die Kernschmelze, also einen schweren Unfall in einem Reaktor. Ausgelöst wird ein Reaktorunfall in der Regel durch ausgefallene Kühlung, also durch versagende Regulationsmechanismen. Im Begriff Meltdown steckt, dass die nötige Regulation nicht funktioniert hat und es deshalb zu einer Krise kommt.

Das Besondere an einer Krise und der Unterschied zwischen herausforderndem Verhalten in einer Krise und außerhalb einer Krise ist, dass die Person in einer Krise keine Kontrolle mehr über sich selbst hat, dass sie ihr Verhalten also nicht kontrollieren und steuern kann.

In einer Krise übernehmen andere Teile des Gehirns die Regie. Der Mensch reagiert mit einem Notfallplan für Gefahrensituationen, der „Fight-Flight-Freeze"-Reaktion. Hierbei werden die Hormone Adrenalin und Cortisol ausgeschüttet. Mit dem Ziel, den Körper leistungsbereit für eine bedrohliche Situation zu machen, werden Herzschlag, Muskeltonus und Atemfrequenz erhöht, das Schmerzempfinden dagegen wird gesenkt. Alle überflüssigen Systeme werden heruntergefahren. Kämpfen oder Fliehen? Eine der beiden Möglichkeiten kann jetzt umgesetzt werden. Wenn keine der beiden Aussicht auf Erfolg hat, hat der Körper noch eine dritte Möglichkeit zu reagieren: „Freeze" – sich totstellen. Hierbei wird der Puls heruntergefahren und Wahrnehmungen werden ausgeblendet. Erinnerungen an die Situation sind im Nachhinein kaum vorhanden. Dieser Notfallplan für Gefahrensituationen hat unser Überleben in der Steinzeit gesichert. Was für eine Begegnung mit einem wilden Tier sicherlich sehr hilfreich ist, führt auch bei einer Begegnung mit Menschen zu Affekthandlungen: Handlungen, die unkontrolliert ablaufen und daher keine Rücksicht auf Verletzungen nehmen. Unter Cortisoleinfluss werden die exekutiven Funktionen zurückgefahren. Man kann dann schneller reagieren, handelt aber unüberlegter. Bei langfristiger Anspannung – also chronischem Stress – hat die erhöhte Cortisolausschüttung viele problematische Nebenwirkungen: unter anderem Herzerkrankungen, Bluthochdruck, Schlaflosigkeit und ein geschwächtes Immunsystem. Zudem kann ein erhöhter Cortisolspiegel den Teil des Gehirns schädigen, der für Lern- und Erinnerungsprozesse verantwortlich ist.

Wer in einer Krise ist, kann sein Verhalten nicht steuern und ist damit auch nicht erreichbar für Appelle an die Vernunft oder gute Ratschläge. Lernen ist in einer solchen Situation nicht möglich. Diesen Umstand behalten wir im Hinterkopf und kommen später noch einmal darauf zurück. Und wer regelmäßig solchen Situationen ausgesetzt ist, dessen Lernprozesse können sogar nachhaltig beeinträchtigt werden.

Von uns selbst wissen wir, dass wir uns nach einem Konflikt ganz besonders nach Nähe sehnen. Wir wollen, dass „alles wieder gut" ist. Wir tendieren kurz nach einer Krise daher dazu, uns selbst, aber auch unserem Konfliktpartner zu versprechen, dass wir das nie, nie mehr tun, dass so etwas nie wieder passieren wird. Gerade weil Menschen nach einer Krise noch sehr emotional sind, ist der Zeitpunkt nicht geeignet, um die Krise zu reflektieren oder Versprechen für die Zukunft zu fordern. Auch das behalten wir im Hinterkopf.

Um festzustellen, ob wir es bei herausforderndem Verhalten mit einer Krise zu tun haben, müssen wir den Erregungszustand der Person gut einschätzen können. Wirkt die Person „außer Kontrolle"? Reagiert sie nicht mehr auf Ansprache? Zeigt die Person die körperlichen Reaktionen einer Hormonausschüttung? Sind zum Beispiel Atmung und Puls beschleunigt, das Schmerzempfinden aber reduziert?

Im Folgenden stellen wir einige Hilfsmittel vor, die das genauere Beobachten ermöglichen sollen.

4 Nur wer genau hinschaut, versteht

In ihrem Buch „Wenn Verhalten zur Herausforderung wird“ benutzen die Autoren das Bild des Eisberges (vgl. Häußler/Tuckermann/Kiwitt 2014). Zunächst ist für uns nur die Spitze des Eisberges sichtbar, nämlich das herausfordernde Verhalten. Die Funktionen, Auslöser und Ursachen dieses Verhaltens machen den Teil des Eisberges aus, der unterhalb der Wasserlinie verborgen ist. Dieser Teil des Eisberges ist sehr viel größer als die sichtbare Spitze.

Durch genaues Hinschauen können wir herausfinden und genau beschreiben, was die Person tut. Durch gezielte Beobachtungen der gesamten Situation, in der das Verhalten auftritt, müssen wir aber auch noch herausfinden, was den unteren Teil des Eisberges ausmacht.

Die zentralen Fragen sind:

- **WAS** macht die Person? Was genau tut sie? Wie verhält sie sich?
- **WANN** und **WIE OFT** macht sie das? In welchen Situationen zeigt die Person das Verhalten? In welchen nicht? Welche **AUSLÖSER** gibt es?
- Wie ist das **ERREGUNGSNIVEAU** der Person und woran können wir das erkennen?
- Welche **FUNKTION** hat das Verhalten? Was möchte die Person mit dem Verhalten erreichen?

Diese Fragen können und sollten nacheinander unter die Lupe genommen werden.

4.1 WAS ist das herausfordernde Verhalten?

Unsere erste Frage beschäftigt sich mit dem WAS? Was genau tut die Person? Was für ein herausforderndes Verhalten zeigt sie? Sind es unterschiedliche Verhaltensweisen? Gibt es unterschiedliche Intensitäten? Je genauer wir das Verhalten beschreiben können, desto besser gelingen die nächsten Schritte. An dieser Stelle ist es spannend herauszufinden, was unterschiedliche Bezugspersonen denken. Wer betrachtet welches Verhalten als Herausforderung? Alle Menschen haben unterschiedliche Toleranzen. Was den einen auf die Palme bringt, ist für den anderen gar kein Problem. Die Wahrnehmungen verschiedener Bezugspersonen können ein genaueres Bild von den verschiedenen Verhaltensweisen ergeben. Und für ein Team ist die Auseinandersetzung mit unterschiedlichen Toleranzen ein wichtiger Prozess. Je mehr Bezugspersonen schon beim ersten Schritt einbezogen werden können, desto erfolgreicher wird am Ende der Umgang mit dem herausfordernden Verhalten sein.

4.2 WANN und WIE OFT wird das herausfordernde Verhalten gezeigt? Welche AUSLÖSER gibt es?

Um genauere Erkenntnisse zu erhalten, kann das Verhalten für einen bestimmten Zeitraum dokumentiert werden, zum Beispiel in einer Art Tagebuch, in das jedes herausfordernde Verhalten eingetragen wird. So kann festgestellt werden, wie oft das Verhalten auftritt und wie intensiv oder ausdauernd es ist. Andererseits geht es aber auch darum herauszufinden, welche Auslöser es in der jeweiligen Situation gegeben hat.

Wir halten es für wichtig, in dem Beobachtungszeitraum nicht nur das herausfordernde Verhalten zu dokumentieren, sondern auch ***ALLES*** andere, auch wenn es mehr Arbeit macht. Wir dokumentieren das herausfordernde Verhalten ebenso wie die Zeiten ***OHNE*** herausforderndes Verhalten. Das hat zwei Gründe: Zum einen können wir viel daraus lernen, wenn wir auch wissen, in welchen Situationen ***KEIN*** herausforderndes Verhalten auftritt. Gerade der Vergleich beider Situationen wird wertvolle Erkenntnisse liefern. Zum anderen sehen wir in unserer Dokumentation nicht nur „rot". Es hilft uns, die vielen „guten Zeiten" zu sehen, dass vieles gelingt und Spaß macht und dass es uns und der Person auch oft gut geht. Das im Folgenden genutzte Material kann heruntergeladen werden (vgl. Kapitel 8.3).

Zunächst werden die bisher bekannten Informationen über Auslöser, Verhalten und Funktionen in eine Legende eingetragen, damit die Beobachtung, die Dokumentation und schlussendlich auch die Auswertung anschließend einfacher wird. Dann werden Codes aus Farben, Buchstaben oder Zahlen vergeben, um die Dokumentation zu vereinfachen.

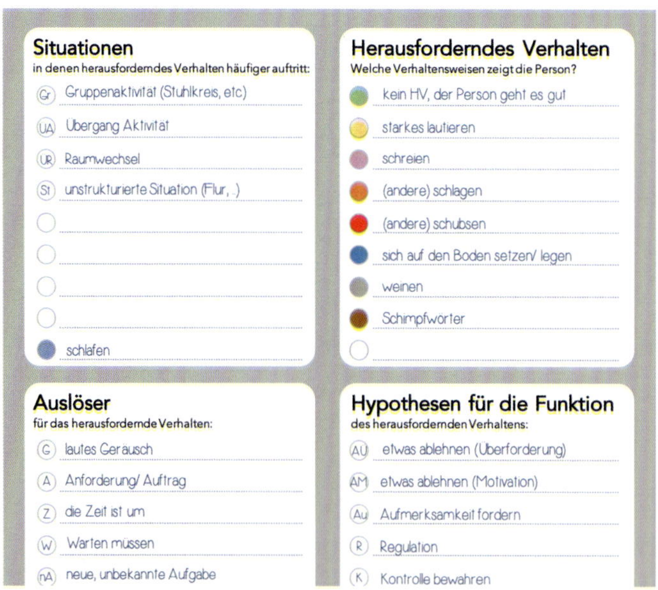

Abbildung: Um schneller dokumentieren zu können, werden Abkürzungen und Farbcodes in einer Legende aufgeführt.

Die Legenden werden auf die Innenseiten eines Din A5 Ordners geklebt. In die Mitte kommen Seiten, auf denen das Verhalten eines Tages dokumentiert wird. Im Laufe des Beobachtungszeitraumes werden sich die Kategorien sicherlich noch verfeinern, die Legende gegebenenfalls auch noch ergänzt werden.

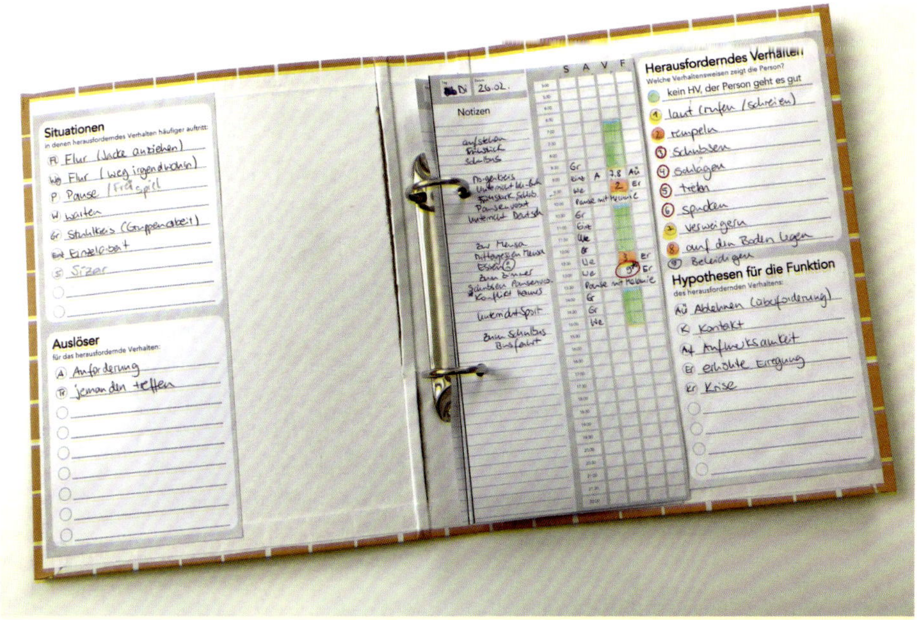

Abbildung: Die Legenden werden in einen DinA5-Ordner geklebt, für jeden Tag steht eine Seite zur Dokumentation zur Verfügung.

Die jeweilige Situation, die Auslöser, das Verhalten und die vermutete Funktion werden nun dokumentiert. Zusätzliche Notizen erleichtern später die Interpretation der Beobachtungen.

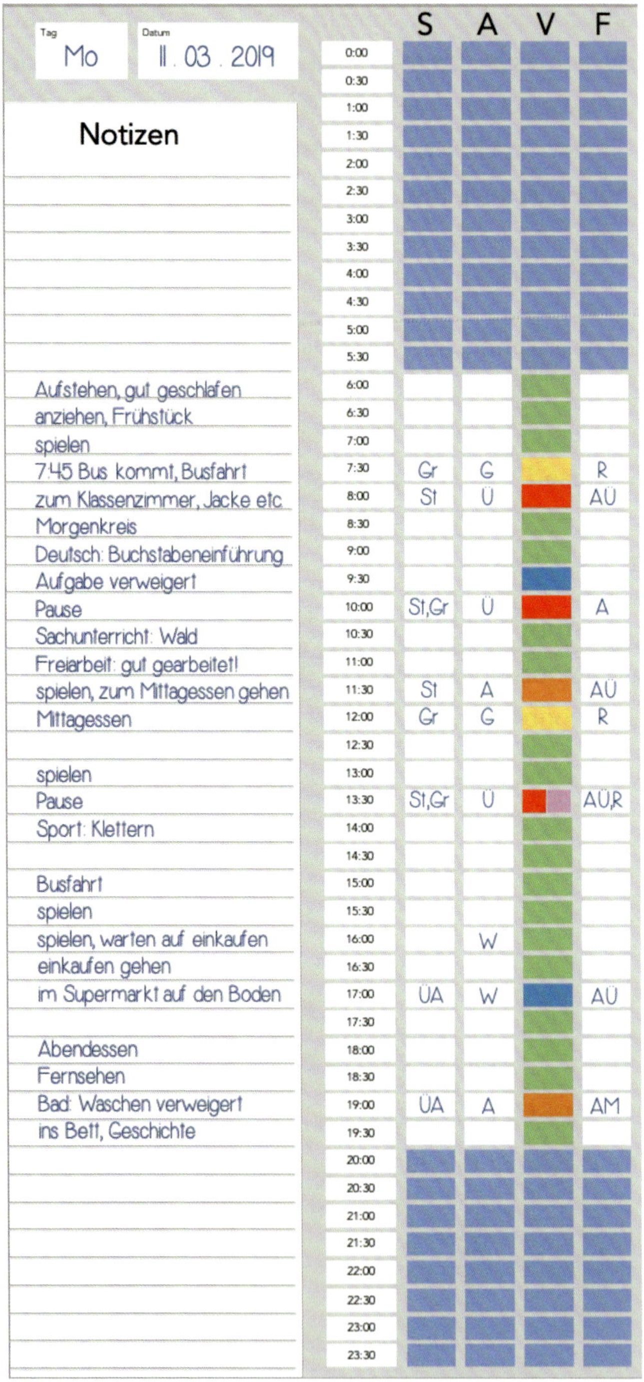

Abbildung: Schon die Dokumentation eines Tages ermöglicht erste Erkenntnisse.

Schaut man sich unser Beispiel an, dann fällt auf, dass die meisten Zeiten dieses Tages grün markiert wurden. Es gibt also viele Zeiten ohne herausforderndes Verhalten. Daneben lassen sich aus den dokumentierten Zeiten mit herausforderndem Verhalten schon erste Erkenntnisse ziehen: Fremdverletzendes Verhalten wie Schubsen und Schlagen tritt häufig in unstrukturierten Phasen wie der Pause oder dem Anziehen im Flurbereich auf. Lautieren wird vermutlich zur Regulation in Situationen eingesetzt, in denen es auch durch die Gruppengröße laut ist.

Diese Art der Dokumentation wird uns vor allem helfen, ungünstige Situationen und Auslöser für das herausfordernde Verhalten zu entdecken.

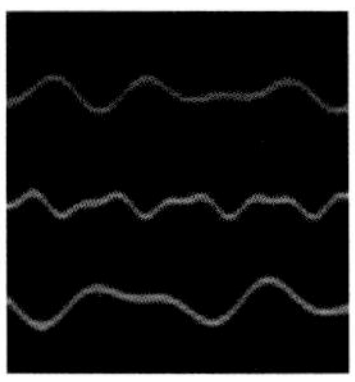

Eine ähnliche Dokumentation ist auch mit der App „Behaviour of Concern" möglich. Die App wurde von Sara Carlsson entwickelt und ist im App-Store und im Google Play Store erhältlich.

Nachdem wir nun genau hingeschaut haben, wann welches Verhalten auftritt, versuchen wir, es besser zu verstehen: Welche Auslöser es gibt? Können wir ein Muster erkennen? Gibt es Situationen, in denen das herausfordernde Verhalten immer wieder auftritt? Was genau macht diese Situationen aus? In welchen Situationen tritt das Verhalten nie auf?

4.3 Wie ist das ERREGUNGSNIVEAU und woran können wir das erkennen?

Wir gehen davon aus, dass es meist nicht nur einen Auslöser gibt, sondern dass in der Regel mehrere Auslöser zu einer zunehmenden Anspannung und somit zu einem erhöhten Erregungsniveau führen. Nicht immer lässt sich in der Situation, die dem Verhalten direkt vorausgeht, der *eine* Auslöser identifizieren. Möglicherweise war es nur der sprichwörtliche Tropfen, der das Fass zum Überlaufen gebracht hat. Die Vermutung liegt vor allem dann nahe, wenn in der gleichen Situation zu anderer Zeit kein herausforderndes Verhalten gezeigt wurde. Ein erhöhtes Erregungsniveau als Auslöser muss daher auch in Betracht gezogen werden. Es ist wichtig zu wissen, auf welchem Erregungsniveau die Person gerade ist. Das erkennen wir natürlich zum einen an herausfordernden Verhaltensweisen. Viele weitere Verhaltensweisen können ebenfalls auf einen erhöhten Erregungszustand hinweisen. Die folgende Liste soll dabei helfen gezielte Beobachtungen zum Erregungsniveau anzustellen:

- Vegetative Zeichen (schwitzen, erröten, erblassen, Tonus)
- Atmung (unruhig, anhalten, tiefes einatmen)
- Kopf (Drehung, Bewegung)
- Augen (Fixierung, suchen, öffnen/schließen, Pupillenerweiterung)
- Gesicht (Spannung, Mimik, lächeln)
- Mund (Aktivität, öffnen/schließen, Zunge, kauen, schmatzen, schnalzen, knirschen, spucken)
- Geräusche (Laute, weinen, schreien, lachen, Stimmlage)
- Wörter (Floskeln, Fragen, Schimpfwörter)
- Arme und Hände (Aktivität, Position, Fingeraktivität)
- Beine, Rumpf (Aktivität, Position)

- Positionierung (im Raum, Körperhaltung)
- Gegenstände (halten, bewegen, formen, Hände/Mund)
- Kontakt zu anderen (Nähe, Distanz, Blickkontakt, Berührungen)
- Fixierung (Themen, Objekte)
- Reaktionen (akustische, visuelle Reize, Ansprache)
- Selbstverletzung (schlagen, kratzen, drücken, ziehen)
- Fremdverletzung (schlagen, treten, kneifen, Haare ziehen, schubsen)

Frau J. zeigt deutlich erkennbare Verhaltensweisen, die auf das Ansteigen eines Erregungszustandes schließen lassen. Wenn sie angespannt ist, beginnt sie in Räumen nach Wänden zu suchen und an diesen entlang zu gehen. Dabei macht sie immer leichte Kopfbewegungen Richtung Wand. Bei erhöhter Anspannung wird ihre Atmung immer schneller und lauter. Ebenso werden die Kopfbewegungen immer hektischer. Falls es Frau J. nicht gelingt, ihr Erregungsniveau zu senken, kommt es zu Kontrollverlust mit stark selbstverletzenden Verhaltensweisen (Kopf gegen die Wand schlagen, sich im Kopfbereich schlagen).

Liam zieht sich bei Stress gerne zurück und schaut dann YouTube-Videos am iPad. Seine Mutter vermutet, dass er dadurch Stress abbauen kann. Dies gelingt jedoch nicht immer und teilweise steigt sein Erregungsniveau weiter an und Liam beginnt zu schreien und mit Gegenständen zu werfen. Im Rahmen der Verhaltensberatung wurde erkennbar, dass das Schauen von Videos unterschiedliche Funktionen hat. Zum einem dient es dem Abbau von Stress. Hierzu nutzt Liam meist Videos von Zügen oder Aufzügen. Andere Videos sind jedoch ein Hinweis auf das Ansteigen von Erregung und Stress. Dies betrifft sowohl den Inhalt – Mangavideos deuten auf einen erhöhten Erregungszustand hin – als auch seine begleitenden Verhaltensweisen: Je fixierter sein Blick beim Schauen des Videos ist, desto höher der Erregungszustand. Wenn Liam seinen Blick gar nicht mehr vom Video löst, steht er kurz vor einer Krise. Ebenso konnte beobachtet werden, dass das iPad in solchen Situationen immer in eine bestimmte Position gebracht wird: es liegt dann direkt vor Liam ausgerichtet. Liam kniet dann davor und macht leichte Schaukelbewegungen mit dem Oberkörper.

Die folgende Grafik: „Erregungszustand und Regulationsmöglichkeiten" (Download vgl. Kapitel 8.3) soll die erkennbaren Zeichen für den Erregungszustand festhalten.

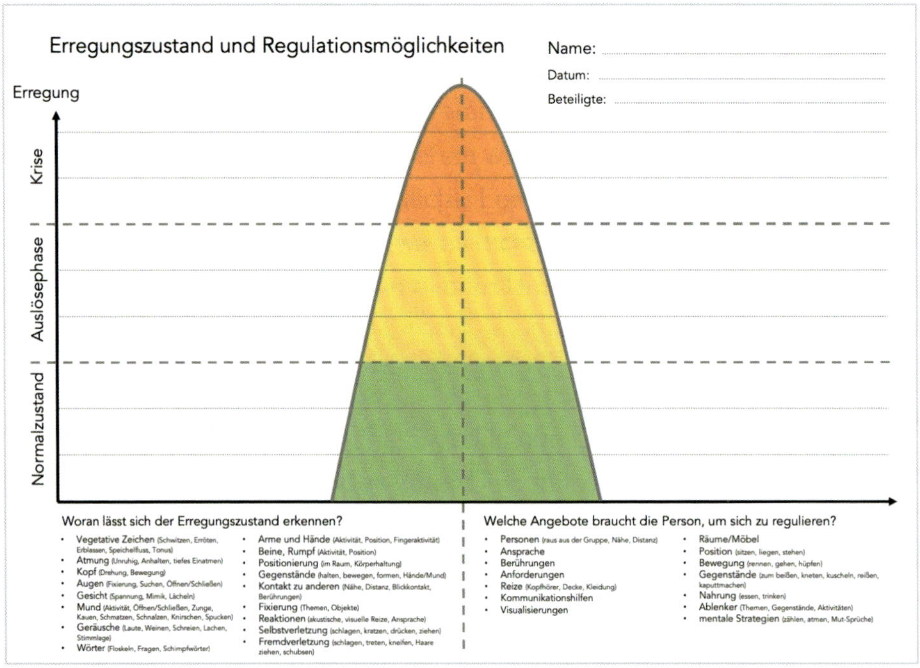

Abbildung: Formular „Erregungszustand und Regulationsmöglichkeiten"

Zunächst wird nur die linke Hälfte des Blattes ausgefüllt. Hier werden die Zeichen für den Erregungszustand festgehalten. In die rechte Hälfte können später Regulationsmöglichkeiten eingetragen werden, die der Person auf dem entsprechenden Erregungsniveau helfen können. Ziel ist es ja, den Erregungszustand so gut einschätzen zu können, dass rechtzeitig interveniert werden kann.

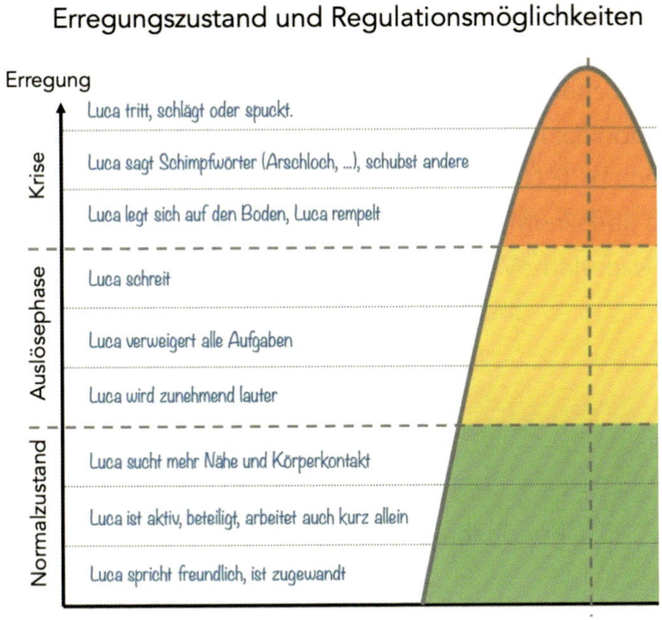

Abbildung: Diese Verhaltensweisen weisen auf erhöhte Erregung hin.

4.4 Welche FUNKTION hat das Verhalten?

Nun bleibt noch die entscheidende Frage zu beantworten: Welche Funktion hat das Verhalten? Es ist die wichtigste Frage, denn die Antwort darauf wird uns am ehesten eine Idee liefern, wie wir das Problem lösen können. Mögliche Funktionen haben wir bereits im dritten Kapitel beschrieben. Welche Funktion ein Verhalten hat, wird sich meist nur herausfinden lassen, wenn wir Hypothesen aufstellen und diese dann überprüfen.

- Hypothese: Das Verhalten hat eine kommunikative Funktion und wird gezeigt, um etwas abzulehnen.

Überprüfen lässt sich die Hypothese, indem wir die Anforderung weglassen, sobald das Verhalten gezeigt wird. Wird das Verhalten dann nicht mehr gezeigt, haben wir die Hypothese bestätigt.

- Hypothese: Das Verhalten dient dazu, Aufmerksamkeit zu fordern.

In Situationen, in denen das Verhalten zuvor häufig gezeigt wurde, versuchen wir mit unserer Aufmerksamkeit „zuvorzukommen". Wir wenden unsere Aufmerksamkeit der Person also aktiv immer wieder zu, bevor sie das Verhalten zeigt. Wird das Verhalten nicht oder weniger gezeigt, liegen wir mit unserer Hypothese vermutlich richtig.

Um eine Hypothese zu überprüfen, gehen wir einfach mal davon aus, dass es sich um diese Funktion handelt, und bieten der Person eine alternative Lösung dafür an. Zeigt sie das Problemverhalten dann nicht mehr, haben wir die Hypothese bestätigt. Zeigt sie es weiterhin, müssen wir eine neue Hypothese aufstellen.

Fragestellungen, die uns dabei helfen, Hypothesen zu überprüfen, finden sich zu jeder Funktion im dritten Kapitel und auf dem Begleitposter zu diesem Buch.

Jetzt endlich sind wir an dem Punkt angelangt, an dem wir uns der so wichtigen Frage zuwenden können: Wie können wir herausforderndes Verhalten vermeiden?

5 Herausforderndes Verhalten vermeiden

Wenn wir herausforderndes Verhalten vermeiden wollen, müssen wir uns zunächst eine ganz wichtige Frage stellen: Ist das Verhalten gefährlich? Wenn ja, müssen wir unverzüglich handeln. Dabei ist es egal, ob das Verhalten für uns, für andere oder für die Person selbst gefährlich ist. Maßnahmen von unserer Seite erlauben keinen Aufschub.

Kommen wir aber zu der Erkenntnis, dass das Verhalten nicht gefährlich, sondern nur anstrengend oder nervig ist, dann müssen wir nicht unbedingt sofort reagieren und handeln. Wir sollten aber eine Strategie entwickeln, um langfristig etwas verändern zu können.

Unserer Erfahrung nach löst schon das Verstehen des Verhaltens einen Großteil unserer Probleme. Mit vielen herausfordernden Verhaltensweisen können wir gut umgehen, wenn wir verstehen, warum sich jemand so verhält, wie er es tut. Das sind die Verhaltensweisen, die eine sinnvolle Funktion haben, die der betroffenen Person guttun und auch sonst niemandem schaden. Nicht selten müssen wir dieses Verhalten gar nicht mehr ändern. Denn ein Verhalten, dass wir verstehen und nachvollziehen können, stört uns oft auch gar nicht mehr und fordert uns nicht mehr heraus.

Wichtig ist aber, dass alle Bezugspersonen im Umfeld das auch so sehen bzw. verstehen lernen. Ein für die direkten Bezugspersonen nachvollziehbares und akzeptiertes Verhalten mag für Außenstehende oder nicht eingeweihte Personen ein großes Problem darstellen. Sie können dieses Verhalten ja nicht nachvollziehen und verstehen. So berichten Eltern immer wieder vor allem dann von Schwierigkeiten, wenn sie mit ihrem Kind unterwegs sind, ob nun in der Öffentlichkeit zum Beispiel beim Einkaufen oder beim Besuchen von Freunden oder Verwandten. Viele Menschen verstehen das Verhalten nicht und können deshalb auch nicht oder nur schwer damit umgehen. Hier gilt es, immer wieder als Für-Sprecher aufzutreten und zu erklären.

> *„Maria wedelt jetzt mit den Armen, weil sie aufgeregt ist. Das ist gut so. Dadurch reguliert sie sich. Wenn wir sie davon abhalten würden, würde sie sich noch mehr aufregen und irgendwann kann sie sich nicht mehr kontrollieren."*

Es gibt aber auch Verhaltensweisen, die uns immer noch herausfordern, auch wenn wir sie verstanden haben. Das sind meist solche, die schädlich oder gefährlich sind, entweder für die Person selbst oder für das Umfeld. Dazu zählen Fremd- und Selbstverletzungen, weil sie körperlich gefährlich sind. Dazu zählen aber auch Verhaltensweisen, die Teilhabe an Aktivitäten verhindern, weil sie zum Beispiel den Unterricht so stören, dass andere nicht mehr lernen können. Dieses Problemverhalten kann langfristig Teilhabe verhindern und zu einer sozialen Isolation führen. Hier reicht das Verstehen alleine nicht aus. Es gibt verschiedene Ansätze, dieses herausfordernde Verhalten zu vermeiden.

Wir haben vier grundlegende Möglichkeiten. Je nachdem, welche Funktion das herausfordernde Verhalten hat, ist die eine oder die andere Herangehensweise bedeutsamer.

- **Wir minimieren Auslöser, indem wir die Anforderungen anpassen durch eine Veränderung im Setting oder durch Hilfsmittel.** So hat die Person seltener einen Grund, sich herausfordernd zu verhalten.
- **Wir verändern unsere Haltung als Bezugspersonen und minimieren dadurch die Auslöser**.
- **Wir unterstützen das Verstehen** der Person und geben ihr damit die Möglichkeit, ihr Verhalten zu verändern.

- **Wir unterstützen die aktive Kommunikation** der Person und geben ihr damit die Möglichkeit, sich ohne Problemverhalten mitzuteilen.

Für viele Verhaltensweisen gibt es konkrete Auslöser. Um das Verhalten zu vermeiden, müssen diese Auslöser minimiert werden. Die Lösung des Problems liegt also nicht in der Person mit dem herausfordernden Verhalten, sondern im Umfeld. Das Umfeld muss so gestaltet sein, dass es für die Person möglichst wenig Auslöser für herausforderndes Verhalten bereithält. Dazu können wir das Setting gestalten und Hilfsmittel anbieten. Dabei gilt es auch die Tagesform und das aktuelle Erregungsniveau zu berücksichtigen. Häufig machen wir den Fehler, die Person an ihrer Höchstleistung zu messen. Hat sie etwas einmal geschafft, erwarten wir diese Leistung nun jederzeit, alles andere betrachten wir als Verweigerung. Aber auch wir selbst können nicht jeden Tag und in jedem Bereich unsere Höchstleistungen abrufen. Im Umgang mit herausforderndem Verhalten müssen wir jeden Tag aufs Neue die Anforderungen an die jeweiligen Gegebenheiten anpassen. Jeden Tag müssen wir uns fragen, was an diesem Tag für die Person leistbar ist, und unsere Anforderungen und das Setting dementsprechend gestalten. Wir können die Anforderungen auch anpassen, indem wir etwas an uns und unserer Betrachtungsweise verändern.

Aber auch die Person selbst kann etwas verändern. Dazu wird sie aber unsere Unterstützung brauchen. Mit unserer Hilfe kann sie verstehen lernen, warum manche Verhaltensweisen für andere schwierig sind. Auch ein besseres Verständnis für Situationen und Erwartungen hilft der Person, sich anders zu verhalten.

Wir dürfen nicht vergessen, dass das Verhalten für diese Person ja sinnvoll ist und eine Funktion hat. Sie wird das Verhalten also nicht einfach lassen, nur weil es uns nicht passt. Die Person braucht eine echte Alternative, die dieselbe Funktion erfüllt. Alle Verhaltensweisen mit kommunikativer

Funktion lassen sich zum Beispiel nur vermeiden, indem die Person eine andere Kommunikationsmöglichkeit bekommt. Braucht eine Alternative mehr Zeit oder ist mit größeren Anstrengungen verbunden, wird die Person weiterhin das für sie „einfachere" herausfordernde Verhalten zeigen. Daher muss das alternative Verhalten die gleiche, besser aber noch ***mehr*** Aufmerksamkeit bekommen, als das herausfordernde Verhalten. Nur so macht das Erlernen eines neuen Verhaltens für die Person Sinn.

Wenn wir davon ausgehen, dass herausfordernde Verhaltensweisen häufig von einem erhöhten Erregungsniveau ausgelöst werden, können wir viel erreichen, wenn die Person lernt, sich besser zu regulieren. Denn wir werden auch in Zukunft Auslöser, die das Erregungsniveau heben, nicht komplett vermeiden können. Und die Person wird auch nicht von heute auf morgen die Einschränkungen, zum Beispiel im Bereich Kommunikation, überwinden können. Immer wieder wird es zu einem erhöhten Erregungsniveau kommen. Und das kann nur durch gute Regulierung wieder gesenkt werden. Nur so vermeiden wir weitere Krisen.

6 Praxisideen

Nach diesen Grundgedanken wollen wir in diesem Kapitel Ideen aus unserer Praxis vorstellen. Um die Orientierung zu erleichtern, sind diese Ideen auch wieder den im Verlauf schon beschriebenen Funktionen zugeordnet. Einige dieser Ideen sind vielleicht übertragbar. Aber keines unserer Beispiele sollte als Rezept verstanden werden. Vielmehr sollten die Ideen für die verschiedenen Personen immer individuell angepasst werden. Das Begleitposter zum Buch soll helfen, den Überblick zu behalten. Für jede Funktion von Verhalten gibt es eine Spalte mit typischen Auslösern, zugrundeliegenden Ursachen und Fragestellungen zur Überprüfung der Hypothese. Die untere Hälfte des Begleitposters soll eine Übersicht über passende Lösungsideen zu den einzelnen Funktionen liefern. Bei einigen Funktionen ist eine Intervention durch eine Veränderung im Setting nicht möglich, daher sind diese Felder auf dem Poster frei geblieben.

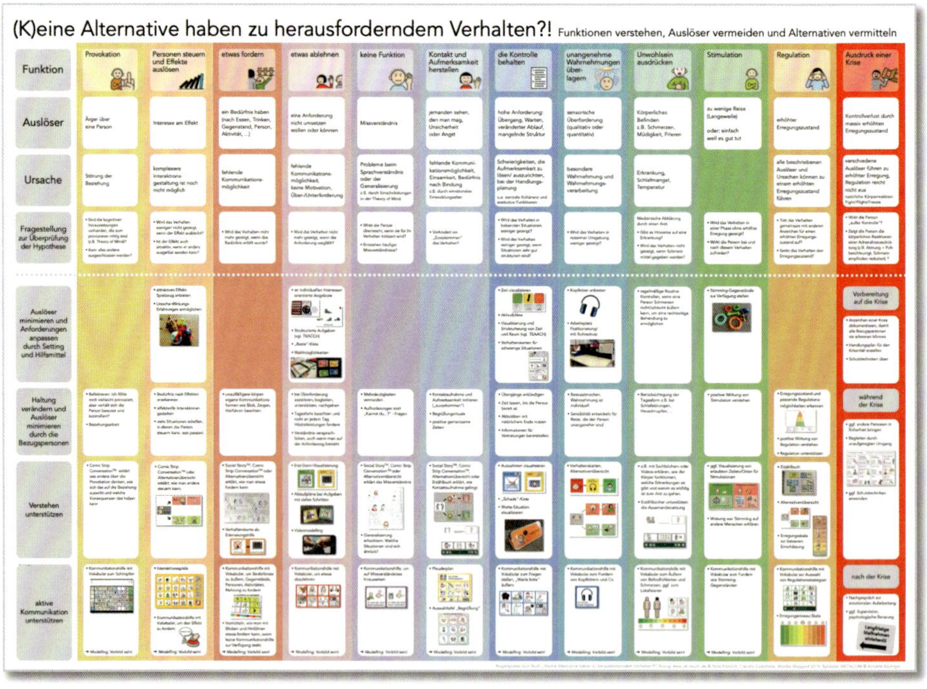

6.1 Wenn Verhalten provozieren soll

In solchen Fällen ist sicher das Wichtigste, zu reflektieren: Provoziert mich die Person wirklich bewusst und kontrolliert? Geht es der Person wirklich nicht nur darum, einen Effekt auszulösen – also zum Beispiel den roten Kopf oder die „Blitze in den Augen" zu sehen? Erst wenn wir alle anderen Funktionen ausgeschlossen haben, sollten wir der Person unterstellen, dass sie uns provozieren möchte. Aber warum provoziert jemand überhaupt? Man provoziert, wenn man sich einer Person gegenüber ohnmächtig fühlt und keine andere Möglichkeit sieht, sich zu wehren. Eine Person, die herausforderndes Verhalten zeigt, um zu provozieren, handelt dann im Wissen um die Konsequenzen, aber ohne Rücksicht auf sie. Dem können wir nur viel Beziehungsarbeit entgegensetzen. Nur wenn die Person sich uns gegenüber nicht mehr ohnmächtig, sondern ernst genommen und gewürdigt fühlt, wird das Provozieren für sie unnötig.

Wichtig ist auch, der Person zu erklären, was passiert, wenn sie jemanden provoziert. Comic Strip Conversations™ (vgl. Kapitel 6.3) können dabei helfen zu verstehen, was eine andere Person über das Verhalten denkt, wie das der Beziehung langfristig schadet und welche Konsequenzen das wiederum auf die Person selbst hat. Möglicherweise kann die Person diese weitreichenden Konsequenzen doch nicht ganz absehen, auch wenn sie bewusst provoziert.

Auch für Menschen mit eingeschränkter Lautsprache muss es möglich sein, sich über andere zu beschweren, zu schimpfen und zu meckern, damit es erst gar nicht zu provozierendem Verhalten kommen muss. Meckern muss dazu erlaubt sein. Und dazu braucht die Person passendes Vokabular.

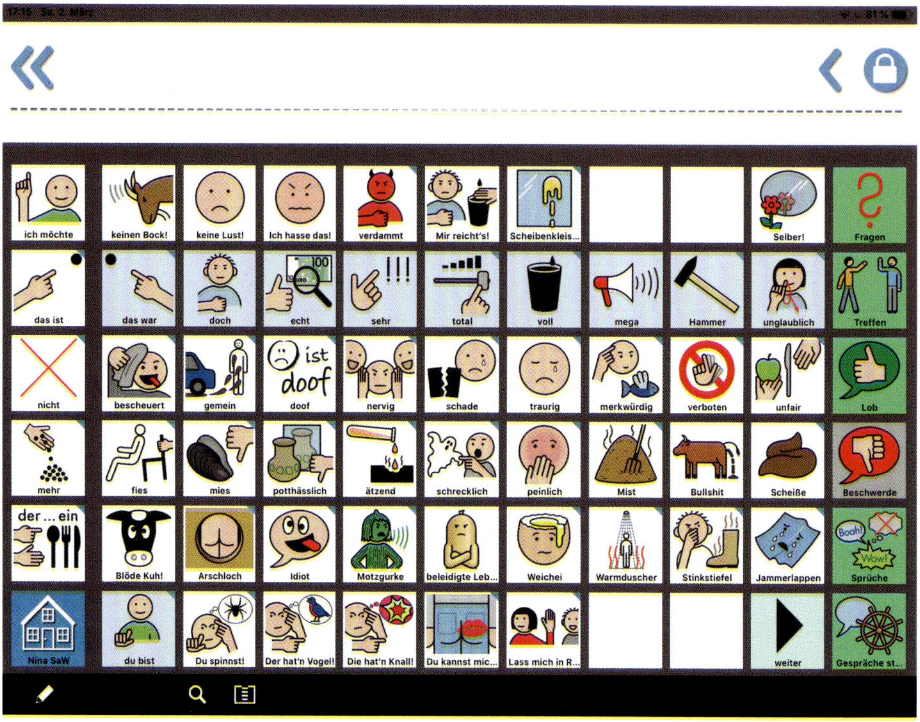

Abbildung: Seite mit Vokabular zum Beschweren aus MetaTalkDE 6x11

6.2 Wenn Verhalten steuern und Effekte auslösen soll

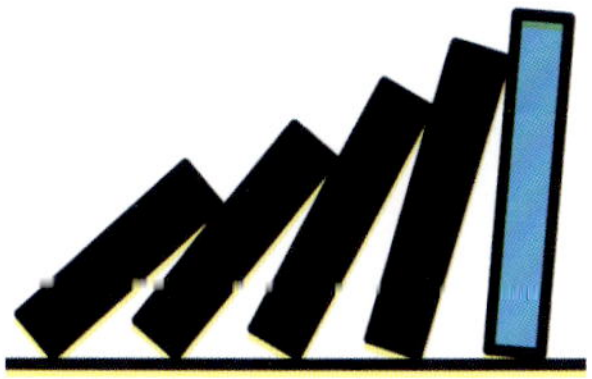

Wem noch keine komplexere Interaktionsgestaltung möglich ist, der hat ausdauernde Freude daran, Effekte auszulösen. Dieses Bedürfnis nach Effekten und zahlreichen Möglichkeiten, Ursache-Wirkungserfahrungen zu machen, sind wichtig für die Entwicklung. Daher braucht eine solche Person viele Gelegenheiten, derartige Erfahrungen zu machen.

Es gibt viele attraktive Effektspielzeuge, die solche Erfahrungen ermöglichen. Es gibt adaptierte Spielzeuge, die mit einem Taster in Aktion versetzt werden, oder elektronische Geräte, die zum Beispiel an einen PowerLink oder iClick (Geräte, die den Stromfluss unterbrechen) angeschlossen werden können und dann mit einer Taste gestartet werden. Das bietet auch motorisch eingeschränkteren Personen die Möglichkeit, Effekte hervorzurufen und sich selbst als wirksam zu erleben.

Abbildung: Spielzeuge, die visuelle Effekte oder Geräusche erzeugen

Mit Interaktionsspielen wird erfahrbar, wie man andere Personen steuern kann. Als erste Interaktionsspiele bieten sich einfache „Nochmal-Spiele" an. Eine beliebte Aktivität wird fortgesetzt, sobald die Person ein Zeichen für „nochmal" gibt. Das können Kniereiterspiele, Gesang, Massagen oder Kitzeln sein.

Um „Nochmal-Spiele" mit einem Objekt spielen zu können, muss die Person bereits triangulieren können, also gleichzeitig einen Partner und ein Objekt berücksichtigen können. Ein Effektspielzeug wird in Gang gesetzt, sobald die Person ein Zeichen dazu gegeben hat. Dazu sind Spielzeuge mit Lichteffekten, Geräuschen oder Vibrationen geeignet, die entweder von selbst wieder stoppen oder nach einiger Zeit wieder ausgeschaltet werden.

Auf der nächsten Stufe der Kommunikationsentwicklung werden Interaktionsspiele interessant, die mit UK-Hilfsmitteln funktionieren, über die eine erste Auswahl zu treffen ist. Über zwei sprechende Tasten, zwei Symbolkarten oder zwei Gebärden entscheidet die Person, was passieren soll. Damit kann der Partner zum Beispiel aufgefordert werden, etwas „an" und „aus" zu schalten, die Musik „lauter" und „leiser" zu stellen und ähnliches.

Jetzt werden auch Interaktionsspiele mit einer Auswahl von Aktivitäten möglich: einfache „Mach-mal"-Spiele bieten verschiedene attraktive Interaktionen an. Dabei können zwei, vier oder auch mehr Aktivitäten angeboten werden.

Abbildung: „Mach-mal ..."-Interaktionsspiel mit Kommentaren"

Interaktionsspiele bieten eine große Vielfalt positiver Interaktionserfahrungen und fördern die Kommunikationsentwicklung. Wer viele positive Erfahrungen damit macht, Effekte auszulösen und Personen zu steuern, braucht kein herausforderndes Verhalten zu zeigen, um dies zu erreichen. Wann immer möglich, sollten wir der Person also die Möglichkeit geben, Einfluss zu nehmen, also zu steuern, was passiert.

Zeigt eine Person Problemverhalten, um einen bestimmten Effekt hervorzurufen, ist es sinnvoll, ihr eine Kommunikationshilfe anzubieten, um den Effekt zu fordern. So kann die Person den Effekt angemessen einfordern. Simon aus unserem Beispiel in Kapitel 3.2 könnte seine Lehrerin dann auffordern, dieses wunderbare Geräusch für ihn zu machen, ohne dass er sie dafür an der Brust berühren muss. Dabei ist es wichtig, dass der Effekt verlässlich durch die neue Kommunikationsform ausgelöst werden kann, das herausfordernde Verhalten den Effekt aber nicht weiter auslöst. Wenn der bisher erzielte Effekt durch das herausfordernde Verhalten nicht mehr ausgelöst wird, wird die Person zunächst dazu tendieren, das Verhalten massiver einzusetzen. Wenn sie ihr Ziel dann doch noch erreicht, verstärken wir dadurch das unerwünschte Verhalten nur noch.

Abbildung: Mit einer sprechenden Taste kann eine Bezugsperson zum Schreien aufgefordert werden.

Um das Verstehen zu unterstützen, kann in Simons Fall auch noch eine Alternativenübersicht erstellt werden. Alternativenübersichten werden in Kapitel 6.6 noch ausführlich vorgestellt.

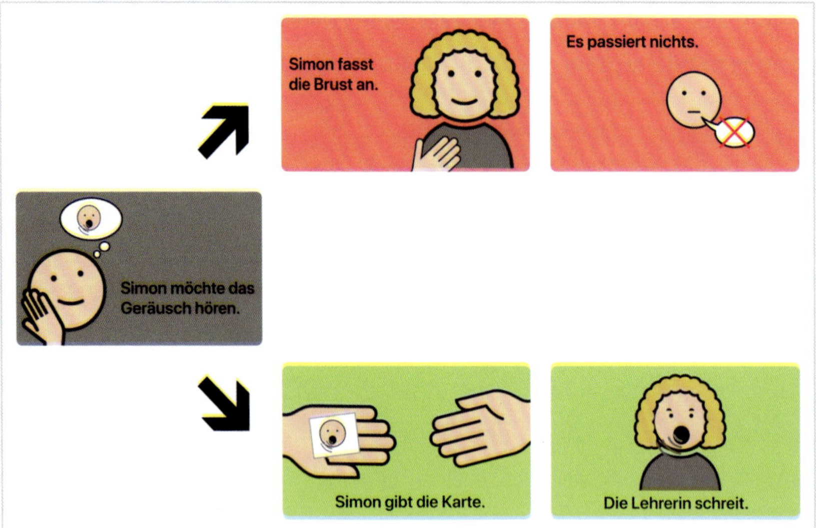

Abbildung: Die Alternativenübersicht erklärt, wie Simon den gewünschten Effekt auslösen kann.

6.3 Wenn Verhalten etwas fordern soll

Wer keine ausreichenden Kommunikationsmöglichkeiten hat, dem bleibt nur sein Verhalten, um etwas zu fordern. Herausforderndes Verhalten ist aber ein sehr massiver Ausdruck. Wichtig ist daher, dass wir auf vorangehende unauffälligere körpereigene Kommunikationsformen wie Blicke, Zeigen oder Hinführen achten lernen und sie ernst nehmen. Es sind gute und angemessene Kommunikationsmöglichkeiten. Wir tun gut daran zu vermitteln, wie man mit Blicken und Hinführen etwas fordern kann, denn wenn keine Kommunikationshilfe zur Verfügung steht, ist das die naheliegendste Möglichkeit, sich auszudrücken.

Entscheidend für den Abbau von herausforderndem Verhalten ist die Erweiterung der Kommunikationsmöglichkeiten. Die Person braucht eine Kommunikationshilfe, mit der sie fordern kann, was für sie persönlich wichtig ist. Die Kommunikationshilfe muss dazu das individuell bedeutsame Vokabular bereitstellen. Nur dann hat sie eine Alternative zu herausforderndem Verhalten.

Abbildung: „Ich möchte ..."-Seite aus dem Flip-Kommunikationsbuch

Die Person muss aber auch die Möglichkeit bekommen, die Kommunikationshilfe selbständig einzusetzen und zu verwenden. Dazu benötigt sie unsere Hilfe. Wir, die Bezugspersonen, müssen als Modell vorleben, wie man mit UK kommunizieren kann (vgl. Castañeda/Fröhlich/Waigand 2017). Diese Methode wird als „Modelling" bezeichnet. Besonders wichtig ist der Einsatz der Kommunikationshilfe in Situationen, in denen die Person auf ihre bisherigen Strategien zurückgreift. Durch Modelling können wir der Person zeigen, wie und wann die Kommunikationshilfe verwendet wird. Die Person lernt also eine alternative Kommunikationsmöglichkeit kennen und braucht sich weniger über Problemverhalten auszudrücken.

Die Person kann durch verschiedene Methoden noch mehr darin unterstützt werden, zu verstehen, wie man etwas fordert. Dazu eigenen sich zum Beispiel die von Carol Gray entwickelten Social Stories™ (vgl. Carol Gray 2014). Social Stories™ sind kurze Geschichten, die eine Situation, ein Ereignis oder eine Aktivität beschreiben. Dabei werden besonders relevante Informationen hervorgehoben, die die Person bisher vielleicht nicht berücksichtigt.

So könnten wir Frau T. aus unserem Beispiel in Kapitel 3.3 erklären, wie sie ihre Gruppenleiterin auffordern kann, ihr zu helfen.

Ich brauche Hilfe an meinem Spind

Ich gehe gerne in die Werkstatt. Die Arbeit macht mir Spaß und auch die Pausen. Alle wichtigen Sachen habe ich in meinem Spind. Manchmal geht der Spind nicht auf. Dann brauche ich Hilfe. Das ist normal. Alle Menschen brauchen manchmal Hilfe. Ich gehe zu meiner Gruppenleiterin und lege meine Hand auf ihren Arm. Wenn sie mich anschaut, mache ich die Gebärde für „kommen". Jetzt weiß meine Gruppenleiterin, dass sie mitkommen soll. Wir gehen zusammen zum Spind. Ich zeige auf die Tür. Jetzt weiß sie, dass sie mir helfen soll. Sie macht die Tür auf.

Ich werde versuchen, daran zu denken, dass ich Hilfe holen kann, wenn ich meinen Spind nicht aufbekomme. Ich denke daran, dass ich dann die Gebärde mache. So verstehen mich die anderen und wir haben eine gute Zeit zusammen.

Ebenfalls von Carol Gray entwickelt wurden die Comic Strip Conversations™ (vgl. Gray 2011). Nach dieser Idee entstand der folgende Comic für Lukas.

Abbildung: Ein in der Situation gezeichneter Comic erklärt, wie andere zum Helfen aufgefordert werden können.

Bei Comic Strip Conversations™ wird in wenigen Comic-Bildern eine Situation dargestellt. Die für Comics typischen Denkblasen sind dabei von besonderer Bedeutung. Sie ermöglichen einen Einblick in die Gedanken der beteiligten Personen. Damit unterstützen sie die Theory of Mind und helfen der Person zu verstehen, dass andere anders denken, anders fühlen, anderes Wissen haben können als sie selbst. Im oben geschilderten Beispiel hilft es, zu verstehen, dass andere nicht unbedingt wissen, wann jemand Hilfe braucht. Erst durch die ausgesprochene Aufforderung zur Hilfe – also durch etwas, das in einer *Sprech*blase und nicht nur in einer *Denk*blase ist – verstehen die anderen, was man möchte.

Auch durch eine Alternativenübersicht (vgl. Kapitel 6.6) oder Videomodelling (vgl. Kapitel 6.4) kann man erklären, wie man etwas sachgerecht fordern kann. Diese Methoden werden in den nächsten Kapiteln noch genauer vorgestellt.

Wer grundsätzlich gelernt hat, ein Bedürfnis mit seiner Kommunikationshilfe auszudrücken, muss wahrscheinlich trotzdem immer wieder daran erinnert werden. Vor allem wenn der Stress steigt, kann eine Verhaltenskarte (vgl. Kapitel 6.7) als Erinnerung hilfreich sein.

Abbildung: Ein kleines Schild erinnert daran, das iPad zu benutzen.

Wenn wir die Kommunikationsmöglichkeiten erweitern, kann die Person besser, verständlicher und vielfältiger fordern, was sie möchte. Das heißt nicht, dass wir immer alles tun müssen, was die Person fordert. Eine Weile allerdings müssen wir es tun, um die neue Alternative verlässlich zu etablieren. Irgendwann weiß die Person, dass sie ihre Wünsche damit ausdrücken kann. Wer weiß, dass sein Gegenüber verstanden hat, was er oder sie möchte, kann mit einem „Jetzt nicht" viel besser umgehen. Wer sich unverstanden fühlt, wird mit noch mehr Nachdruck versuchen, sich verständlich zu machen.

6.4 Wenn Verhalten etwas ablehnen soll

Es gibt sehr viele verschiedene Gründe, warum jemand etwas ablehnt. Hier seien nur einige genannt:

- Die Aufgabenstellung kann unklar sein.
- Die Aufgabe kann inhaltlich zu schwierig oder zu einfach sein.
- Der Sinn der Aufgabe kann unklar sein.
- Die Person könnte keine Motivation haben, die Aufgabe zu machen.
- Die Person könnte gerade lieber etwas anderes machen wollen.

Unsere Aufgabe wird es daher sein, die Anforderungen an die Person so anzupassen, dass sie die Aufgabe machen kann und möchte. Wichtig ist:

- Die Aufgabenstellung muss klar sein.
- Die Aufgaben müssen den Lernvoraussetzungen entsprechen.
- Die Aufgabe muss einen Sinn haben und der muss transparent sein.
- Die Aufgabe muss die individuellen Interessen der Person berücksichtigen, damit sie motiviert ist.
- Die Person muss mitbestimmen dürfen, wann sie die Aufgabe macht.

Wenn Peer aus unserem Beispiel in Kapitel 3.4 also seine Materialien vom Tisch fegt und sich weigert, seine Aufgabe zu machen, dann müssen wir die Aufgabe so anpassen, dass Peer sie schafft.

Der TEACCH-Ansatz (vgl. Häußler 20216) stellt viele gute Möglichkeiten vor, wie Aufgaben so strukturiert werden können, dass die Aufgabenstellung klar ist, die Reihenfolge der Handlungsschritte erkennbar ist und die Menge der zu leistenden Aufgaben transparent ist. Die Struktur einer Aufgabe kann so klar gestaltet sein, dass die Person nicht überfordert wird. Besonders Kistenaufgaben, Tablettaufgaben und Klettmappen bieten sich dazu an.

Abbildung: Bei der Kistenaufgabe müssen die Löffel in die einzelnen Löcher gestellt werden. Die Aufgabenstellung ist klar und die Menge transparent.

Abbildung: Klettmappen bieten die nötige Struktur. Es können viele verschiedene Aufgaben damit gestaltet werden.

Klettmappen können sehr leicht zu verschiedenen (auch individuellen) Interessen gestaltet werden. Die immer gleiche Struktur bietet dann die nötige Sicherheit und Orientierung, um sich auf neue Inhalte zu konzentrieren und sich auf die Aufgabe einzulassen. Zahlreiche Layout-Vorlagen für Klettmappen zur individuellen Gestaltung finden sich zum Download unter https://die-uk-kiste.jimdo.de. Viele weitere Ideen finden sich auf der Seite www.cluks-forum-bw.de.

Die Gefahr bei solchen Aufgaben besteht darin, dass sie als Methode zur Beschäftigung eingesetzt werden. Ist der Sinn einer Aufgabe nicht klar, hat die Person allen Grund und auch das Recht, die Aufgabe abzulehnen. Wer also alle Wäscheklammern sortiert hat, um dann kurze Zeit später die wieder gemischten Klammern hingestellt zu bekommen, dem sollten wir es nicht vorwerfen, wenn er sich weigert, die Aufgabe zu machen.

Ablaufpläne können dabei unterstützen, Handlungen mit vielen Schritten umzusetzen. Sie können alle Schritte auf einen Blick verdeutlichen, eine Klammer markiert dann den aktuellen Handlungsschritt. Wenn zu viele Schritte auf einen Blick verwirrend wären, kann ein Ablaufplan zum Umblättern die Konzentration auf den aktuellen Schritt erleichtern. Manchmal bemerken wir erst beim Erstellen eines Ablaufplanes, wie komplex eine Anforderung ist. So können auch wir besser verstehen, warum eine Person sich überfordert fühlt.

Abbildung: Bei der Arbeitsanweisung wird der aktuelle Schritt markiert.

Abbildung: Ablaufpläne zum Umblättern für den Schwimmunterricht.

In unserem Praxisalltag hat sich eine weitere Methode sehr bewährt: Das Videomodelling. In einem Video wird zeigt, wie etwas gemacht wird. Das Video kann immer wieder angeschaut werden, das gilt für die Personen mit herausforderndem Verhalten ebenso wie für Bezugspersonen. Vor allem bei Personen, die sich gerne Videos anschauen, kann diese Methode eingesetzt werden, um neue Kompetenzen zu vermitteln und die Motivation für Aufgaben zu erhöhen. Das sogenannte „Videomodelling" (vgl. Murray/Noland 2013) bietet sich für Aufgaben mit motorischen Anforderungen an, aber auch für soziale Interaktionen. Es gibt dabei verschiedene Methoden zu filmen:

- **Basic-Video-Modelling**: Eine andere Person wird dabei gefilmt, wie sie eine Handlung erfolgreich ausführt. Das kann eine erwachsene Bezugsperson sein, aber auch ein Mitschüler, Geschwisterkind oder ein Mitbewohner.
- **Video-Self-Modelling**: Die Person selbst wird dabei gefilmt, wie sie die Handlung richtig ausführt. Da es sich aber um eine Kompetenz handelt, die die Person noch lernen soll, erfordert das in der Regel, dass die Person dabei verbal angeleitet wird oder mehrere Versuche nötig

sind, bis das Video „im Kasten" ist. Die Anweisungen können dann beim Bearbeiten des Videos herausgeschnitten werden.

- **Point-of-View-Video-Modelling**: Das Video wird aus der Perspektive der Person gefilmt, im Video sieht sie also das, was sie auch sehen wird, wenn sie die Handlung selbst ausführt. Sie sieht also zum Beispiel Hände, die einen Reißverschluss öffnen oder Geschirr spülen.

Wenn das Video fertig ist, wird es der Person gezeigt, kurz bevor sie die Handlung ausführen soll. Dazu bieten sich Smartphones oder Tablets an, die an verschiedenen Orten zum Einsatz kommen können. Am besten unterstützt das Video beim Lernen, wenn die Person sich das Video selbstständig und immer wieder anschauen kann. Eine gute Möglichkeit, Videos zu sortieren und gezielt zu betrachten, bietet die App GoTalk NOW auf dem iPad.

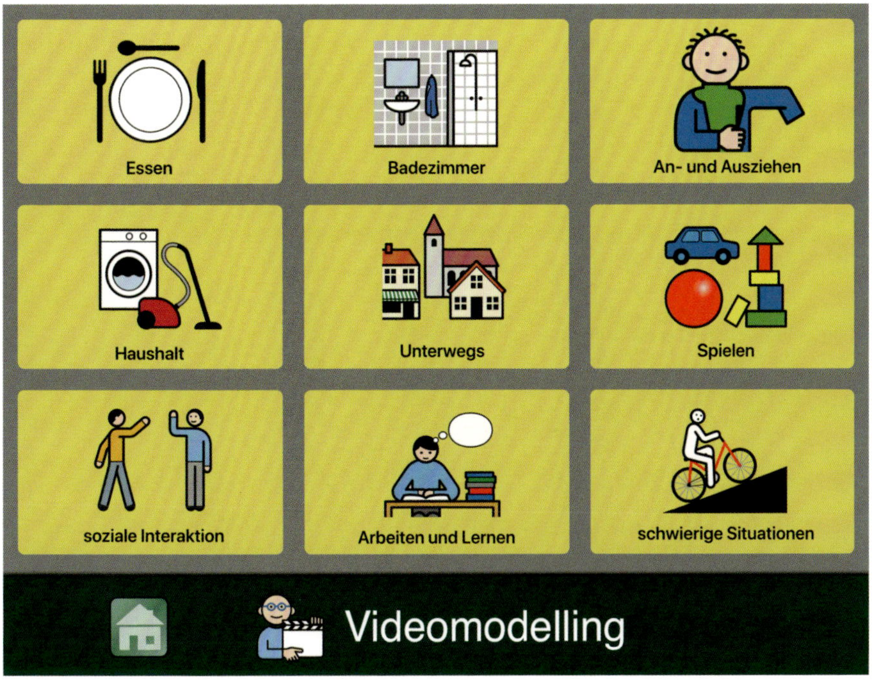

Abbildung: In einem GoTalk NOW-Buch stehen verschiedene Videos zum wiederholten Betrachten sortiert zur Verfügung.

Durch Videomodelling können wir eine Person unterstützen, Kompetenzen zu erwerben. Und wer sich kompetent fühlt, hat weniger Grund, eine Aufgabe abzulehnen.

Die Motivation für eine Aufgabe ist dann besonders hoch, wenn individuelle Interessen berücksichtigt werden. Gerade Menschen, die ausgeprägte Spezialinteressen zeigen, sind hochmotiviert, wenn sie Aufgaben bekommen, bei denen ihr Lieblingsthema eine Rolle spielt. Alle Menschen lernen leichter, wenn Inhalte für sie von Interesse sind. Daher wird in der Arbeit mit Menschen aus dem Autismus-Spektrum häufig geschaut, welche individuellen Interessen die Person hat und inwiefern diese genutzt werden können. Die Verknüpfung von Interessen und Angeboten soll es der Person ermöglichen, Bedeutsamkeit in unseren Angeboten erkennen zu können. Hierbei geht es weniger darum, ob wir das Interesse als sinnvoll, pädagogisch wertvoll oder angemessen erachten. Wenn ein Interesse gefährlich ist oder schädliche Auswirkungen hat, ist es natürlich nicht sinnvoll, es für Angebote zu nutzen. Wenn es aber ungefährlich ist, können wir es nutzen, auch wenn wir diese Begeisterung nicht ganz nachvollziehen können.

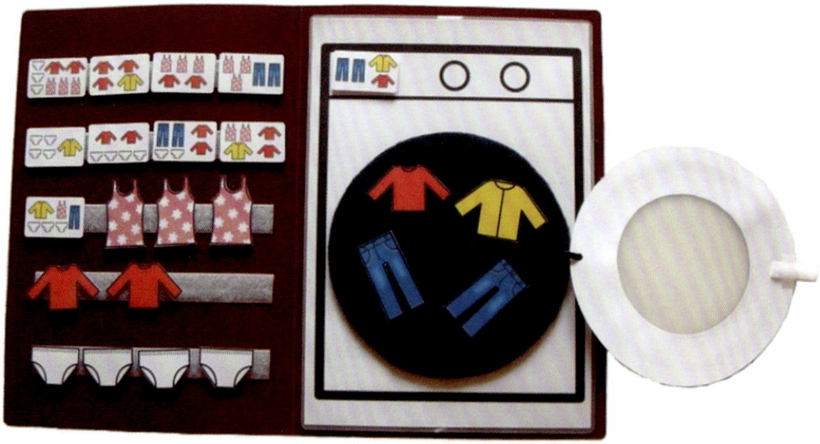

Abbildung: Klettmappe für eine Person mit großem Interesse an Waschmaschinen. (Quelle: www.bild-boxen.de, vgl. Kapitel 8.3)

Die iPad-App „Bitsboard PRO" ermöglicht die Erstellung verschiedener Aufgaben. Dabei können durch die Verwendung von Fotos auch Spezialinteressen berücksichtigt werden.

Abbildung: Bitsboard PRO-Aufgabe für eine Person mit besonderem Interesse an Schuhen.

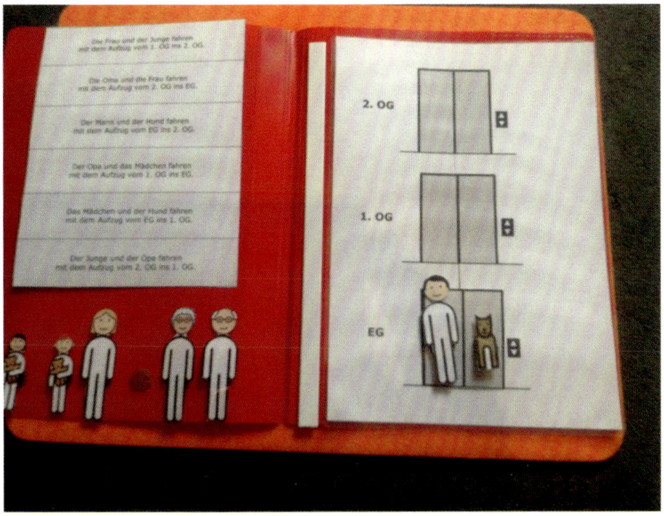

Abbildung: Leseaufgabe zum Spezialinteresse "Aufzüge"

Abbildung: Aufgabenmappe für einen Fahrzeuge-Fan

Auch wir sind manchmal mehr und manchmal weniger motiviert, unsere verschiedenen Aufgaben zu erledigen. Das heißt nicht, dass wir sie gar nicht machen wollen, aber wir haben häufig die Möglichkeit, selbst zu bestimmen, ***wann*** wir *was* machen. Die Wahl zu haben und selbst zu bestimmen, erleichtert es erheblich, sich auf Aufgaben einzulassen. Offene Unterrichtsformen wie die Arbeit mit Lerntheken geben Schülern die Möglichkeit, zu entscheiden. Sie können Aufgaben ablehnen, ohne sich ganz zu verweigern. Wenn genug attraktive Aufgaben zur Wahl stehen, finden sie etwas, worauf sie sich einlassen können.

Abbildung: Zur Auswahl stehen verschiedene Aufgaben in Ablagen. Hat der Schüler eine Aufgabe davon erledigt, kann er das Klettsymbol in eine „Fertig-Box" legen.

Und auch wir haben Tage, an denen wir abends nach Hause kommen und nur noch auf der Couch liegen wollen, und andere, an denen wir abends um acht noch die Waschmaschine anschmeißen und die Küche aufräumen. Und nicht jeden Tag sind wir zu Höchstleistungen in der Lage. Wir sollten daher berücksichtigen, dass auch unsere Schüler, Kinder und Beschäftigten nicht jeden Tag all das leisten können, was sie an guten Tagen zu leisten in der Lage sind. Je nach Tagesform sollten wir flexibel genug sein, Anforderungen so zu verändern, dass sie bewältigt werden können.

Eine wunderbare Idee stellen Häußler, Tuckermann und Kiwitt (vgl. ebd. 2014) vor: Die „Reste-Kiste". In eine Kiste können Aufgaben gelegt werden, die „gerade" nicht gemacht werden können. Sie sind damit nicht aufgehoben, sondern nur aufgeschoben. Am Ende des Tages ist jeweils Zeit eingeplant, in der die Person ihren individuellen Interessen nachgehen darf, sobald die „Reste-Kiste" leer ist. Mit der Perspektive, gleich etwas Schönes machen zu dürfen, wird die Aufgabe dann häufig ganz schnell erledigt.

Das Prinzip einer anstehenden Belohnung kann auch durch eine „Erst-Dann"-Visualisierung verdeutlicht werden.

Abbildung: Die Visualisierung erklärt, dass erst aufgeräumt werden muss, dann aber eine beliebte Tätigkeit ansteht.

Wenn es um die Funktion Ablehnen geht, werden wir den größten Erfolg damit haben, die Anforderungen anzupassen, damit das Ablehnen von Aufgaben nicht mehr nötig ist. Ablehnen an sich ist aber eine wichtige kommunikative Funktion. Wenn für das Ablehnen wichtiges Vokabular zur Verfügung steht, kann Ablehnung dann auch angemessen ausgedrückt werden. Das Vokabular kann entweder integriert in die sonst verwendete Kommunikationshilfe angeboten werden oder als Symboltafel, die am Arbeitsplatz hängt oder zum Beispiel an einem Schlüsselring an der Gürtelschlaufe.

Abbildung: Eine Symboltafel ermöglicht es, differenzierter zu erklären, warum eine Aufgabe abgelehnt wird.

6.5 Ausdruck eines Missverständnisses

Missverständnisse entstehen überall, wo Menschen kommunizieren. Wenn Personen aus dem Autismus-Spektrum und neurotypische Personen miteinander kommunizieren, entstehen mehr Missverständnisse. Und wenn Personen in ihrer Kommunikation eingeschränkt sind, dann vermutlich noch einmal mehr. Um Missverständnisse zu vermeiden, müssen wir uns daher sehr klar und eindeutig ausdrücken. Dazu gehört es, Redewendungen und Sprüche zu vermeiden. Eine ganz häufige Quelle für Missverständnisse sind sogenannte „Kannst du …?"-Fragen. Wir sollten nicht fragen, ob die Person das Fenster öffnen „kann", sondern sie dazu auffordern, es zu tun: „Öffne bitte das Fenster."

Abbildung: Der Comic klärt ein Missverständnis auf.

Auch die bereits vorgestellten Social Stories™ eignen sich dazu, der Person zu erklären, was das Missverständnis ist. Von der Aufklärung des Missverständnisses profitieren beide Partner. Wenn Frau Berger aus dem Beispiel oben den Comic zu sehen bekommt, lernt sie, in Zukunft besser auf missverständliche Formulierungen zu achten.

Viele Missverständnisse entstehen durch eine falsche Generalisierung. Wir können der Person dabei helfen, die richtigen Vergleiche anzustellen, indem wir erklären, welche bereits bekannte Situation der aktuellen Situation ähnlich ist. Die dort geltenden Regeln können dann übertragen werden, andere aber nicht.

Personen mit eingeschränkten Kommunikationsmöglichkeiten brauchen unbedingt eine Möglichkeit, auf ein Missverständnis aufmerksam machen zu können. Auch dazu brauchen sie das entsprechende Vokabular.

Abbildung: Die beiden Symbole helfen dabei, auf ein Missverständnis aufmerksam zu machen. Auf der rechten Seite soll „Ich" durch ein Foto der Person deutlich gemacht werden.

6.6 Wenn Verhalten Kontaktaufnahme ist oder Aufmerksamkeit herstellen soll

Dem hohen Aufmerksamkeitsbedürfnis mancher Menschen gerecht zu werden, ist nicht leicht. Und trotzdem müssen wir uns klarmachen, dass die Person so viel Aufmerksamkeit *braucht*. Wir müssen verstehen, dass auf ihrem emotionalen Entwicklungsstand, unabhängiges und selbstständiges Spielen und Arbeiten noch nicht möglich ist. Wenn wir diesem Bedürfnis nach Aufmerksamkeit nicht von uns aus gerecht werden, bringen wir die Person dazu, sie einzufordern. Mit den Möglichkeiten, die sie hat, um etwas zu fordern: vielleicht nur mit herausforderndem Verhalten.

Dem sollten wir *zuvorkommen*. Wir müssen Kontakt, Aufmerksamkeit und eine positive gemeinsame Zeit aktiv gestalten. Wenn wir uns diese Zeit nicht nehmen, müssen wir sie am Ende investieren im Umgang mit dem aufgetretenen herausfordernden Verhalten und seinen Auswirkungen. Investieren wir sie aber in Aufmerksamkeit und Kontakt, tragen wir zur emotionalen Entwicklung bei und geben der Person damit vielleicht die Möglichkeit, in Zukunft selbstständiger und unabhängiger zu sein und sich adäquater zu verhalten. Das heißt konkret: wir beobachten den Rhythmus, in dem die Person Aufmerksamkeit fordert, und versuchen, dem zuvorzukommen. Wir wenden uns der Person schon vorher zu, ob durch eine Berührung, eine Ansprache, eine (wenn auch kurze) gemeinsame Zeit.

Für die Kontaktaufnahme zu anderen Personen können wir Alternativübersichten nutzen, die erklären, wie eine Kontaktaufnahme gelingen oder auch schief laufen kann.

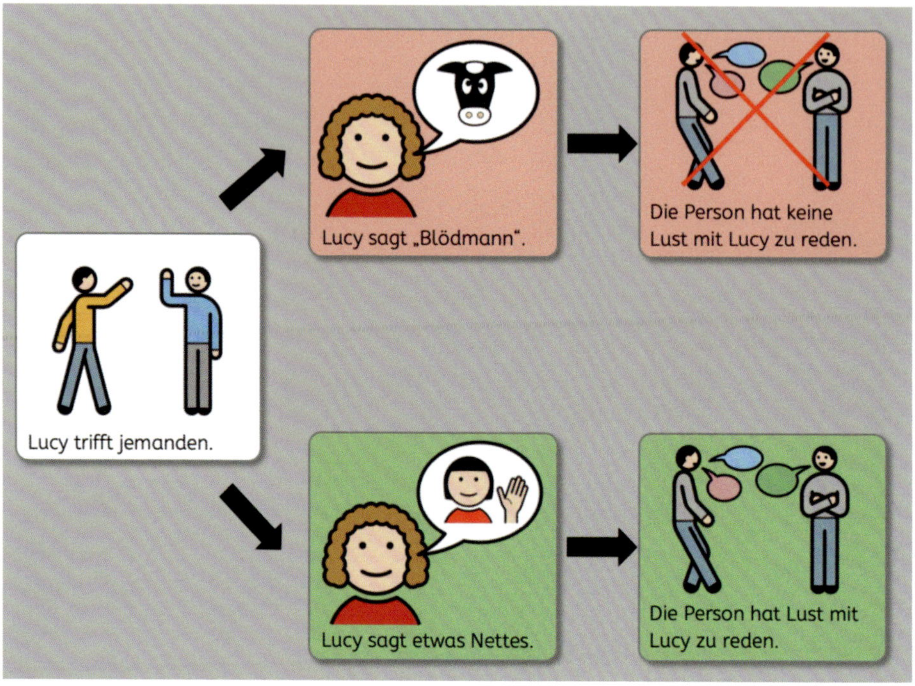

Abbildung: Die Alternativenübersicht zeigt, welche Konsequenzen es hat, wenn man jemanden mit Schimpfwörtern anspricht, und welche Alternative es dazu gibt.

Die Idee der Alternativenübersichten, auf Englisch „Contingency Maps", stammt von Pat Mirenda (vgl. Hallbauer 2007). Alternativenübersichten haben eigentlich immer das gleiche Schema.

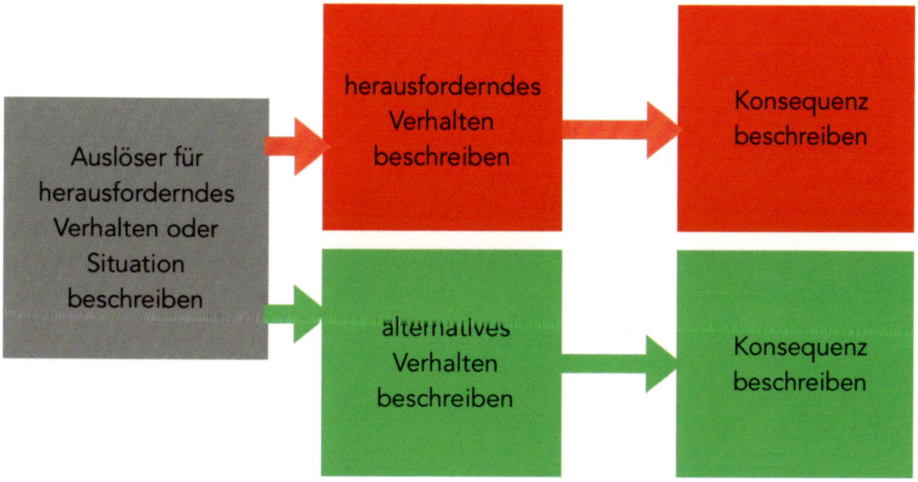

Abbildung: Schema für eine Alternativenübersicht

Im ersten Feld wird der Auslöser (wenn er denn bekannt ist) oder die Situation beschrieben und visualisiert. Anschließend werden zwei Handlungsalternativen beschrieben. Zunächst – also oben – wird visualisiert, was die Person bisher getan hat, also das Problemverhalten. Im daneben liegenden Kästchen wird die daraus folgende negative Konsequenz beschrieben. Das kann eine „Strafe" sein: die Person muss alleine in ihr Zimmer gehen oder bekommt keine Gute-Nacht-Geschichte vorgelesen. Besser ist es, eine natürliche negative Konsequenz zu verdeutlichen. Wer beispielsweise mit Turnschuhen in die Pfütze springt, der bekommt erst nasse Socken und später kalte Füße. Das wäre eine natürliche Konsequenz. Wenn es für die Person selbst keine natürliche negative Konsequenz gibt, kann hier auch die Wirkung des Verhaltens auf andere beschrieben werden. Wenn man jemandem wehtut, ist die andere Person traurig oder wird verletzt. Die Konsequenzen können in einem oder auch in zwei Schritten visualisiert werden. Unten werden die erwünschte Verhaltensalternative und die daraus folgende positive Konsequenz beschrieben. Dabei muss die Alternative die gleiche Funktion erfüllen. Wer gerne in Pfützen springen möchte, für den wird es keine Alternative sein, das einfach so zu lassen. Die Alternative muss daher eher sein: Ich ziehe meine Gummistiefel an und springe dann in die Pfütze. Der unerwünschte

Weg wird durch rote und der erwünschte durch grüne Rahmen oder Hintergründe verdeutlicht.

Abbildung: Alternativenübersicht mit natürlicher Konsequenz in zwei Schritten

Die Alternativenübersicht wird der Person immer dann präsentiert, wenn der Auslöser oder die Situation eintreten, möglichst ***bevor*** sie das unerwünschte Verhalten zeigt. Für das selbstständige Lernen sollten sie der Person aber auch sonst zugänglich sein.

Auch mit einem Erzählbuch kann immer wieder neu reflektiert werden, wie man sich richtig verhalten kann.

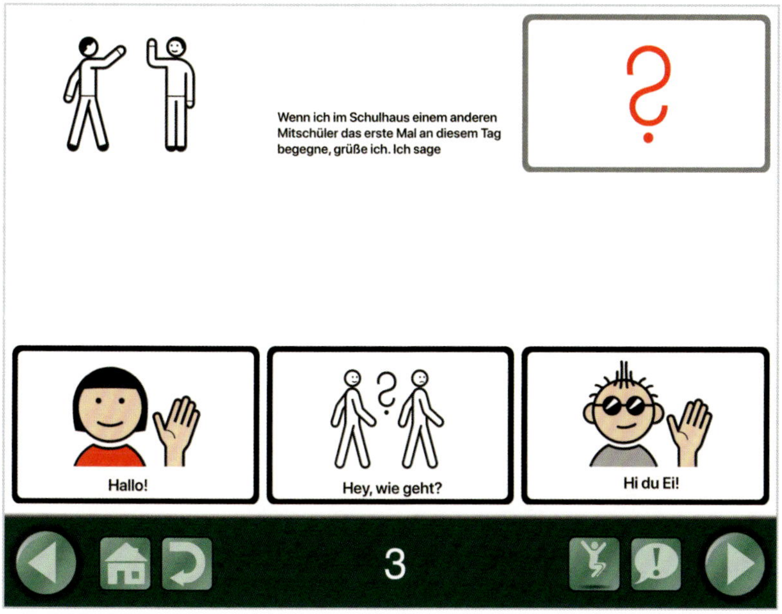

Abbildung: Das Erzählbuch hilft zu verstehen, wie man sich begrüßt.

Erzählbücher sind kurze Geschichten, die sich an Interessen, Alter und Entwicklungsstand eines Nutzers orientieren. Nach einem Satzanfang werden verschiedene Variablen angeboten, aus denen der Nutzer wählen kann. So kann er die Geschichte aktiv mitgestalten und eine noch so kurze Geschichte kann immer neue Verläufe nehmen. Ein Erzählbuch berücksichtigt im Normalfall dabei die üblichen Kriterien einer Erzählung (Einleitung, Hauptteil, Höhepunkt, Schluss und Überleitung) und verlangt nicht zwingend Vorerfahrungen von Seiten des Nutzers, d. h. der UK-Nutzer muss anfangs noch nicht wissen, wie eine Erzählung aufgebaut ist. Die Struktur des Erzählbuchs ermöglicht es, dass jede Person mitmachen kann, unabhängig von ihrem Vorwissen oder bereits vorhandenen Kompetenzen. Erzählbücher können dazu dienen, Sprachverständnis zu verbessern, Missverständnisse zu klären, indem zum Beispiel Gedanken visualisiert werden, Verhalten zu spiegeln oder auch Alternativen und Lösungsvorschläge aufzuzeigen.

Für die positive Kontaktaufnahme zu Mitschülern, Kollegen oder Mitbewohnern bieten sich Begrüßungsrituale an, die auch über eine Kommunikationstafel ausgewählt werden können. Olaf, der seine Mitschüler immer kneift, kann damit eine herzliche Begrüßung auch ohne viele Worte fordern – und ohne Kneifen.

Abbildung: Mit der Auswahltafel entscheiden die Schüler, wie sie sich gegenseitig begrüßen möchten.

Wer keine ausreichenden Kommunikationsmöglichkeiten hat, um mit anderen zu plaudern, der bleibt wahrscheinlich immer bei den wenigen Möglichkeiten, die er zur Verfügung hat. Luis aus unserem Beispiel im drittel Kapitel fragt immer „Montag bis Mittwoch?", andere fragen immer wieder „Was machen wir jetzt?" oder „Was macht dein Mann?". Oft fragen wir uns, warum diese eine Frage so wichtig ist und übersehen dabei, dass es sich nicht unbedingt um eine Frage im eigentlichen Sinne handelt, sondern um einen Versuch des „Smalltalks". Smalltalk ist ein wichtiger

Bestandteil unserer täglichen Kommunikation. Ein Plauderplan ermöglicht es auch Personen mit Kommunikationseinschränkungen Fragen zur Kontaktaufnahme zu stellen, die zu einem längeren Gespräch führen. Zwar ermöglicht der Plauderplan noch kein wechselseitiges Gespräch. Aber er ermöglicht eine Kontaktaufnahme, die das Bedürfnis nach Kontakt und Aufmerksamkeit erfüllen kann.

Abbildung: Ein Plauderplan ermöglicht die Kontaktaufnahme zu einer Person.

6.7 Wenn Verhalten dazu da ist, die Kontrolle zu behalten

Nach Kontrolle sehnt man sich immer dann, wenn man das Gefühl hat, sie zu verlieren. Undurchschaubare Situationen verunsichern und machen Angst. In solchen Situationen greift eine Person wahrscheinlich auf starre Muster zurück, die ihr helfen, die Kontrolle zu bewahren. Unsere wichtigste Aufgabe wird also sein, Situationen überschaubarer zu machen. Die Ideen des TEACCH-Ansatzes zur Strukturierung von Zeit und Raum bieten da viele gute Anregungen (vgl. Häußler 2016).

Abläufe können mit Plänen visualisiert werden. Das ist mit Tagesplänen möglich. Vielleicht braucht eine Person aber noch mehr Struktur, dann können auch kleine Visualisierungshilfen die nächsten Schritte klar machen.

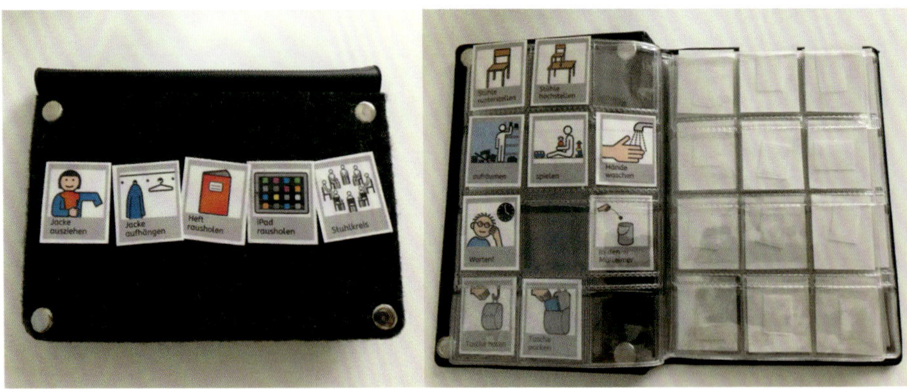

Abbildung: In diesem Münzsammelalbum stehen kleine Symbole bereit, um Abläufe zu visualisieren.

Besonders dann, wenn etwas anders ist als erwartet, bei neuen, unvertrauten Abläufen, wie an einem Ausflugstag, kann so ein Plan die nötige Orientierung geben.

Wenn etwas ausfällt, kann visualisiert werden, dass *heute* etwas anders ist. Das hilft zum Beispiel Laila, zu verstehen, dass der Plan nicht für immer geändert wurde, sondern die Ausnahme nur heute gilt. Sie braucht sich also keine Sorgen darüber zu machen, dass jetzt nie mehr Schwimmunterricht stattfindet, und muss somit das Schwimmen auch nicht derart vehement einfordern.

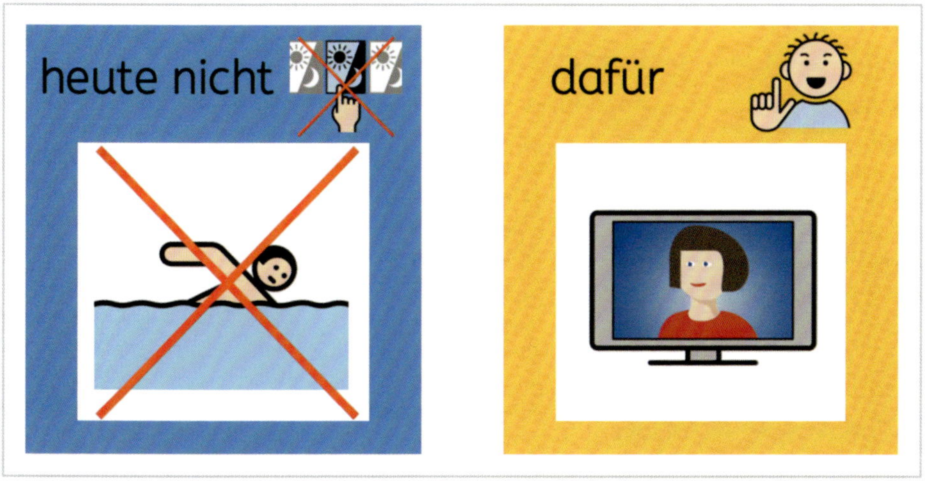

Abbildung: Wenn etwas ausfällt, wird das als Ausnahme visualisiert und die geplante Alternative daneben gehängt.

Wenn wir Abläufe visualisieren, nehmen viele Personen das als „Versprechen". Wenn wir dann am Ende für eine geplante Aktivität nicht mehr genug Zeit haben, lösen wir die nächste schwierige Situation aus. Eine kleine Kiste neben dem Plan kann diese Schwierigkeit auflösen: Wenn wir etwas nicht mehr schaffen, dann kann das Kärtchen in diese „Schade, dass wir das nicht mehr geschafft haben"-Kiste gelegt werden. Das Kärtchen verschwindet vom Plan, auf dem unsere Aktivitäten zu sehen sind. Und es wird verstehbar, warum wir die Aktivität nicht durchführen.

Viele Menschen tun sich schwer mit dem Übergang von einer in die andere Situation. Daher ist es wichtig, Übergänge gut anzukündigen und der Person genug Zeit zu lassen, sich auf den Übergang vorzubereiten und einzustellen. Dazu kann die verbleibende Zeit mit einem Time-Timer verdeutlicht werden. Das ist eine Art Küchenwecker, bei der die verbleibende Zeit durch eine rote Fläche angezeigt wird.

Mit einer Karte, auf der der Pfeil weitergeschoben werden kann, hat man als Bezugsperson mehr Möglichkeiten, den Übergang zu gestalten, als mit einem Time-Timer, der einfach nach der abgelaufenen Zeit klingelt.

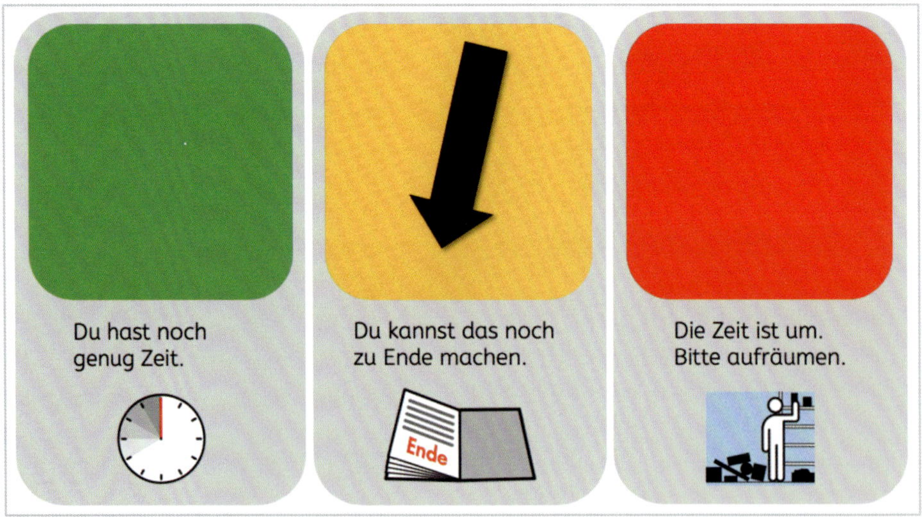

Abbildung: Der Übergang in die nächste Phase wird durch das Umhängen des Pfeiles rechtzeitig angekündigt.

So können wir das Ende rechtzeitig ankündigen, indem wir den Pfeil in den gelben Bereich schieben, dann aber die Person genau beobachten und den Pfeil erst dann weiterschieben und die Phase beenden, wenn wir sehen, dass die Person auch bereit dazu ist. Wir konnten beobachten, dass es bei vielen Personen, mit denen wir arbeiten, einfach ein bisschen dauert, bis sie bereit sind. Häufig nur ein klein bisschen länger, als wir ihnen in der Regel geben. Unser „Nicht-warten-können" führt dann oft zu erheblichen Konflikten, die uns wiederum noch mehr Zeit kosten. Ein bisschen länger zu warten, führt uns nicht selten sehr viel schneller zum Ziel.

Besonders schwierig ist das Beenden einer beliebten Aktivität. Vor allem dann, wenn die Aktivität kein natürliches Ende hat. Sand rieseln, Schwimmen gehen oder Musik hören hat kein natürliches Ende, einen Keks zu essen aber sehr wohl. Um den Übergang von einer geliebten Aktivität ohne natürliches Ende in eine neue Phase zu gestalten, können wir eine Aktivität mit natürlichem Ende nutzen, die die Person ebenfalls gerne mag und auf die sich daher gut einlassen kann. Das kann ein Glas Saft sein, ein Keks, aber auch eine Klettmappe, eine Kistenaufgabe oder ein Spiel mit natürlichem Ende. Wenn diese Aktivität dann auf natürliche Weise beendet ist, fällt es leichter, sich auf etwas Neues einzulassen.

Es gibt Situationen, die regelmäßig zu Schwierigkeiten führen, weil sie undurchschaubar und chaotisch für die Person sind. Warten zu müssen, ist eine solche Situation. Wer warten muss, der braucht eine Idee, was er in dieser Wartezeit tun kann. Ein beliebter Gegenstand, mit dem man hantieren kann, ist eine Möglichkeit, sich zu beschäftigen. Gleichzeitig kann dieser Gegenstand auch als Symbol für „Du musst jetzt warten!" eingesetzt werden und so das Verständnis für die Situation erleichtern. Eine Verhaltenskarte kann das Verständnis ebenfalls unterstützen und Beschäftigungsmöglichkeiten für die Wartezeit aufzeigen. Welche Beschäftigungen das sein können, ist sehr individuell.

Abbildung: Eine Verhaltenskarte hilft dabei, sich beim Warten richtig zu verhalten.

Im Gegensatz zu Alternativenübersichten zeigen Verhaltenskarten nur das erwünschte Verhalten. Sie beschreiben für eine ganz konkrete Situation, was genau zu tun ist. Auch wir kennen solche Verhaltenskarten, für den Brandfall oder wenn wir an einem Unfallort ankommen. Eben weil unser Erregungsniveau in solchen Situationen extrem hoch ist, sind wir vielleicht nicht in der Lage, uns zu erinnern, wie man sich in einem solchen Fall verhalten soll. Die Verhaltenskarte beschreibt kurz und knapp, was zu tun ist. Verhaltenskarten sollten sichtbar und greifbar für die Person sein, damit sie selbständig darauf zugreifen kann, wenn die fragliche Situation eintritt.

Besonderes Konfliktpotential haben Situationen, in denen vertraute Bezugspersonen wegfallen. Wir müssen Informationen bereitstellen, auf die eine Vertretung zugreifen kann, um Situationen möglichst gut gestalten zu können. Dazu gehören Informationen zu den üblichen Abläufen, aber auch zu den einzelnen Personen, welche Strukturen besonders wichtig sind und auf welche Verhaltensweisen die Personen zurückgreifen, wenn ihnen diese Struktur fehlt.

Mangelnde Kommunikationsmöglichkeiten verschärfen die Problematik auch hier, da zum Beispiel wichtige, der Orientierung dienenden Fragen nicht gestellt werden können. Auch hier ist es unsere Aufgabe, die Kommunikationsmöglichkeiten der Person zu erweitern, indem wir das nötige Vokabular zur Verfügung stellen, um solche Fragen stellen zu können.

Abbildung: Eine Kommunikationstafel zum Fragenstellen ermöglicht, Unsicherheit zum Ausdruck zu bringen.

6.8 Wenn Verhalten unangenehme Wahrnehmungen überlagern soll

Unangenehme Wahrnehmungen lenken ab und verhindern damit Konzentration, Lernen, Arbeiten und überhaupt Wohlfühlen. Welche Wahrnehmungen das sind, ist sehr individuell. Wir müssen eine Sensibilität entwickeln für die Reize, die die Person als unangenehm erlebt.

Bei akustischen Überempfindlichkeiten kann ein Hörschutz helfen. Es gibt Schallschutzkopfhörer in unterschiedlichen Größen und Qualitäten. Sie filtern unterschiedliche Frequenzen unterschiedlich stark und fühlen sich unterschiedlich an. Möglicherweise muss man mehrere Kopfhörer ausprobieren, bevor man den richtigen Hörschutz für eine Person gefunden hat. Wichtig ist, dass er der Person immer zur Verfügung steht, wenn sie ihn braucht: am Arbeitsplatz ebenso wie im Pausenraum, auf der Busfahrt oder bei Veranstaltungen. Und sie braucht eine Möglichkeit, die Kopfhörer einzufordern, sollten sie gerade nicht greifbar sein.

Taktile Abneigungen treten häufig bei Kleidungsstücken auf und führen dazu, dass die Person Kleidungsstücke ausziehen muss, ohne dabei Rücksicht auf die Temperaturen zu nehmen oder auf die Regel, dass man sich vor anderen nicht ausziehen soll. Beim Kauf von Kleidung sollte die Person unbedingt dabei sein, um mitzuentscheiden, welche Textilien sich für sie gut anfühlen. Das gilt für Kleidung ebenso wie für Handtücher oder Bettwäsche. Es kann dabei um das Material an sich gehen, aber auch der Schnitt spielt vor allem bei Kleidung eine große Rolle. Bei Bewegungen reiben weit geschnittene Kleidungsstücke die Haut und lösen damit eine Vielzahl an taktilen Eindrücken aus. Eng geschnittene Kleidungsstücke bleiben dicht an der Haut und können so eine taktile Überreizung verhindern. Bei Polstern von Möbeln oder in Fahrzeugen können unangenehme Wahrnehmungen durch Auflagen reduziert werden.

Auch bei Arbeitsmaterialien gilt es, Materialabneigungen zu berücksichtigen. Bei vielen von uns stellen sich die Nackenhaare schon auf, wenn wir nur an das quietschende Geräusch von Kreide an einer Tafel denken. Manche Menschen empfinden die gleichen Qualen bei dem Geräusch, den ein Filzstift beim Malen auf Papier macht oder den ein Klettverschluss beim Öffnen erzeugt. Schon der Gedanke daran, einen Schwamm oder Styropor zu berühren, lässt den Erregungszustand steigen. Wenn eine solche Person eine Arbeitskiste bekommt, bei der Schwämme durch einen Schlitz gesteckt werden sollen, sie aber auf diese Abneigung nicht hinweisen kann, sind herausfordernde Verhaltensweisen vorprogrammiert.

Visuelle Überforderung lässt sich durch einen Arbeitsplatz mit Sichtschutz reduzieren. Häufig wird ein Arbeitsplatz dann mit dem Blick zu einer Wand eingerichtet, sofern es genug freie Wandfläche für die benötigten Arbeitsplätze mit Sichtschutz gibt. Zu berücksichtigen ist allerdings, dass manche Personen große Schwierigkeiten damit haben, mit dem Rücken zum ganzen Raum zu sitzen. Sie fühlen sich ungeschützt, müssen sich immer wieder umdrehen oder erschrecken jedes Mal, wenn jemand von hinten an ihren Arbeitsplatz herantritt, ohne dass sie die Person vorher haben kommen sehen. Ein Sichtschutz, der am Tisch zu befestigen ist, bietet mehr Flexibilität für die Positionierung eines Tisches im Raum. Ein solcher Sichtschutz kann aus einer einfachen Holzplatte hergestellt werden, die mit Winkeln und Schraubzwingen oder mit einer speziellen Halterung am Tisch befestigt wird. Die Halterung auf dem Bild unten gibt es unter dem Namen „SKÅDIS Befestigungsbeschlag" bei IKEA. Die Holzplatte wurde hier noch mit Teppichfliesen beklebt, damit verschiedene Hilfsmittel und Visualisierungen an die Platte geklettet werden können.

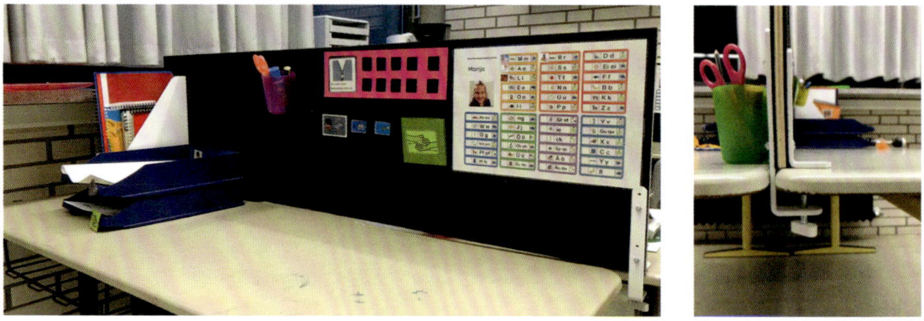

Abbildung: Der Sichtschutz ermöglicht die Konzentration auf die Aufgaben. Die Klettfläche ermöglicht außerdem eine übersichtliche Struktur von Hilfsmitteln.

Für Menschen, die Schwierigkeiten haben, das Gleichgewicht zu halten, oder sich nicht gut spüren, können Stühle mit Armlehnen, geformte Sitzschalen oder Hocker, mit denen man wippen kann, helfen, eine bessere Positionierung zu ermöglichen.

> *Marion setzt sich eigentlich immer auf den Boden, auf einem Stuhl sitzt sie nur, wenn sie dazu aufgefordert wird. Beim Arbeiten am Tisch ist sie sehr unruhig und rutscht mit dem Stuhl immer hin und her. Sie bekommt daher einen niedrigen Tisch mit schräger Arbeitsplatte. So kann sie auf dem Boden sitzend arbeiten. In dieser Haltung kann sie mehr als doppelt so lange konzentriert arbeiten, wie an einem normalen Tisch mit Stuhl.*

Alternativenübersichten können helfen zu verstehen, wie positiv sich Hilfsmittel auswirken können.

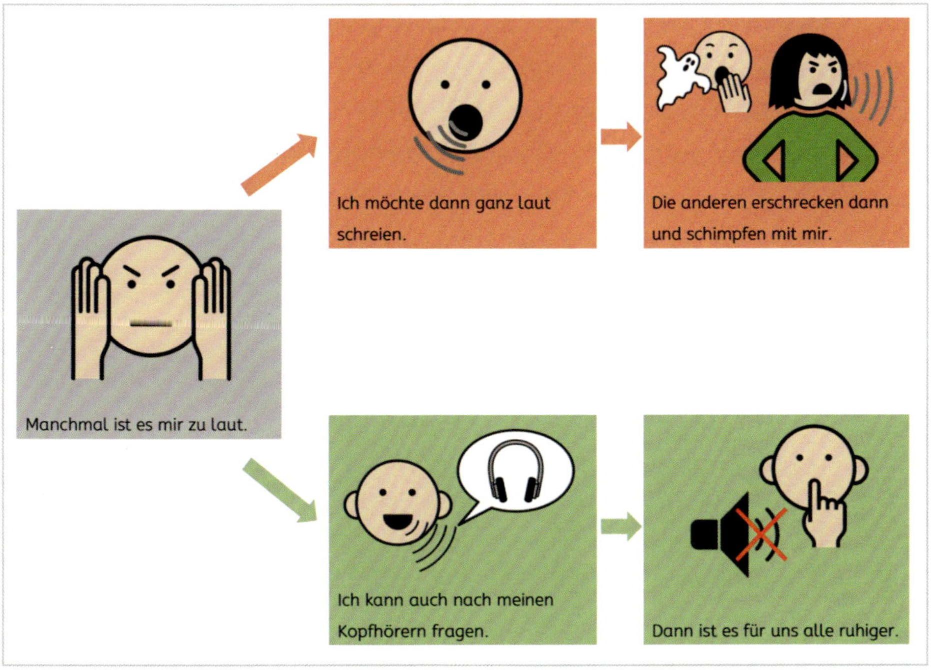

Abbildung: Eine Alternativenübersicht erklärt, dass man nach einem Kopfhörer fragen kann.

Eine Verhaltenskarte kann als Erinnerungshilfe am Arbeitsplatz befestigt werden. So kann sie gleichzeitig die Funktion einer Kommunikationshilfe übernehmen, mit der die Person danach fragen kann.

Abbildung: Die Verhaltenskarte macht das erwünschte Verhalten und die positive Konsequenz deutlich.

Im Jahresverlauf werden in Familien, Vereinen und Einrichtungen zahlreiche Veranstaltungen gefeiert, auf die sich viele Menschen freuen. Diese Feste leben davon, dass sie etwas „Besonderes" sind. Für viele unserer Klienten sind solche Veranstaltungen eine große Herausforderung. Fasching oder Karneval sind häufig am schwierigsten: der Tagesablauf ist anders, der Raum ist geschmückt, es läuft laute Musik. Dazu kommt aber noch, dass auch alle Menschen anders aussehen als sonst. Auf den einen oder andere mag es wirken, als wäre niemand der vertrauten Bezugspersonen da, stattdessen aber jede Menge fremde Cowboys, Prinzessinnen und Einhörner. Die für viele lang ersehnte Veranstaltung ist für sie dann ein wahrer Albtraum. Bei solchen Veranstaltungen lohnt es, bereits im Vorfeld zu überlegen, ob einzelnen Menschen nicht besser ein alternatives Programm angeboten werden sollte. Auch sie haben ein Recht auf einen schönen Tag. Und nicht selten vermeiden wir so einen Tag voller Krisen.

6.9 Wenn Verhalten Unwohlsein ausdrücken soll

Schlimmer noch als unangenehme Wahrnehmungen, die von außen kommen, sind solche, die aus dem eigenen Körper kommen. Vor diesen kann man noch nicht mal weglaufen. Wer noch eingeschränkte Kommunikationsmöglichkeiten hat, der kann nicht einmal verständlich auf sie hinweisen. Einigen Menschen fällt es sehr schwer, Schmerzen genau zu spüren oder zu lokalisieren. Ob körperliches Unwohlsein oder Schmerzen das Problemverhalten hervorrufen könnten, muss immer gemeinsam mit einem Arzt herausgefunden werden. Nur dieser kann dann auch die Ursache der Schmerzen behandeln. Wer auf Schmerzen nicht ausreichend aufmerksam machen kann, muss unbedingt regelmäßig zu Routinekontrollen beim Arzt, damit eine Erkrankung rechtzeitig erkannt und behandelt werden kann.

Eine Kommunikationshilfe mit Vokabular zum Äußern von Befindlichkeiten und Schmerzen sollte unbedingt zur Verfügung stehen. Auf dem abgebildeten Körper kann zudem gezeigt werden, wo es wehtut. Der Einsatz der Kommunikationshilfe muss geübt und vorgelebt werden. Die Tafel sollte daher auch bei kleinen sichtbaren Verletzungen wie Schnitt- oder Schürfwunden oder bei Schnupfen und Husten zum Einsatz kommen, um den Umgang damit zu üben. Nur so kann eine solche Tafel auch zu einer wirkungsvollen Hilfe beim Beschreiben stärkerer Schmerzen werden.

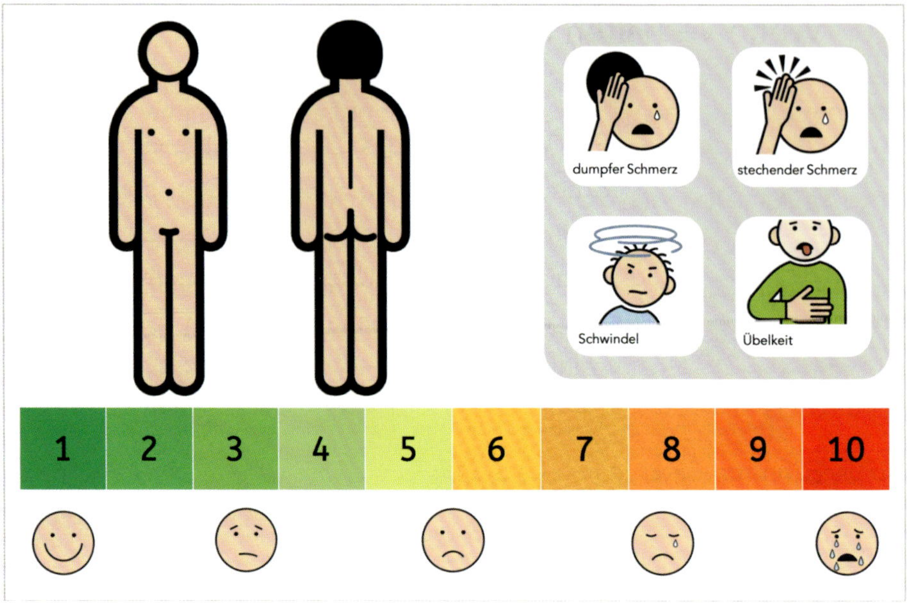

Abbildung: Schmerzskala mit Körperschema zur Lokalisierung von Schmerzen

Schlafstörungen sind ebenfalls ein häufiger Grund für körperliches Unwohlsein. Wenn eine Person unter Schlafstörungen leidet, sollten die Bezugspersonen in der Einrichtung unbedingt wissen, wenn die Person schlecht geschlafen hat. An einem solchen Tag ist davon auszugehen, dass die Person weniger konzentriert, weniger leistungsfähig und leichter reizbar ist. Die Tagesform sollte unbedingt berücksichtigt und die Anforderungen angepasst werden, um die Person nicht zu überfordern.

Das Wissen über Körperfunktionen, Krankheiten und die Wirkung von Medikamenten kann die Person dabei unterstützen, eine größere Sensibilität für sich und ihren Körper zu entwickeln. Mit Sachbüchern oder Erklärvideos kann die Person lernen, wie die Verdauung funktioniert, wie Kopfschmerztabletten wirken und dass bei regelmäßen Zahnarztbesuchen Karies frühzeitig erkannt und damit schlimmen Zahnschmerzen vorgebeugt werden kann.

6.10 Wenn Verhalten der Stimulation dient

Ein Verhalten, das der Stimulation dient, ist grundsätzlich etwas Gutes. Das sogenannte „Stimming" trägt sogar dazu bei, dass es der Person gut geht. Und solange niemand durch das Verhalten zu Schaden kommt, gibt es auch keinen Grund, etwas dagegen zu tun. Ganz im Gegenteil! Denn es kann der Regulation dienen und damit sogar herausforderndes Verhalten verhindern. Manche Menschen machen Bewegungen oder Geräusche zur Stimulation, andere nutzen Stimming-Gegenstände zum Beißen, Kneten und Hantieren.

Abbildung: Verschiedene Stimming-Gegenstände für eine Person mit einer Vorliebe für Gegenstände zum Kneten und Beißen.

Die jeweiligen Stimming-Gegenstände sollten der Person zur Verfügung stehen oder sie sollte sie, ggf. mit einer Kommunikationshilfe, einfordern können. Im Internet finden sich Shops, die auch „unauffällige" Gegenstände zum Beißen wie Kettenanhänger oder Ähnliches verkaufen (zum

Beispiel auf www.stimtastic.co). Wenn andere durch ein Stimming mit Bewegungen oder Geräuschen gestört werden, sollte die Person immer wieder die Möglichkeit bekommen, zum Stimming in einen anderen Raum zu gehen.

Es gibt Arten von Selbststimulation, die zwar grundsätzlich okay sind, für die aber bestimmte Regeln gelten. Selbstbefriedung ist ein solcher Fall. Selbstbefriedung an sich ist nichts Schlechtes. Allerdings gibt es Regeln, die eingehalten werden müssen, um die Grenzen anderer Personen nicht zu überschreiten.

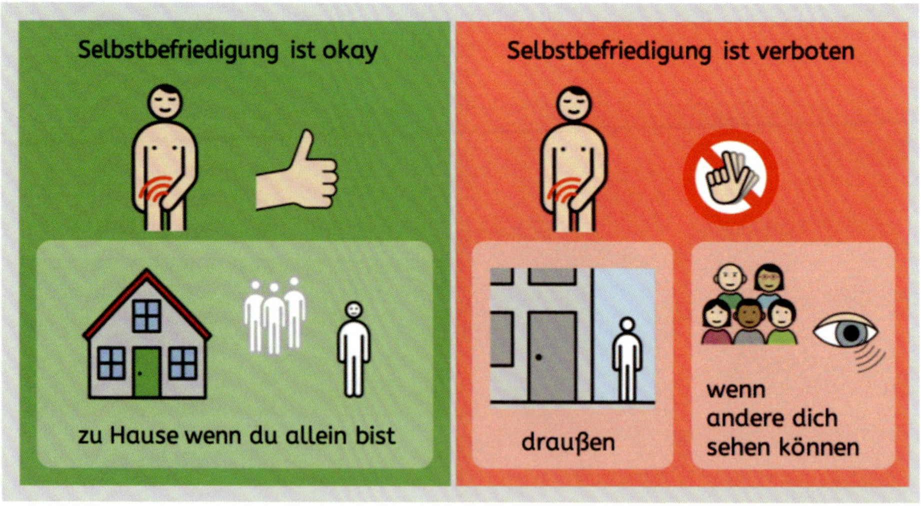

Abbildung: Die Visualisierung erklärt, dass Selbstbefriedigung nicht grundsätzlich verboten ist, aber an bestimmten Orten oder wenn andere zuschauen können.

Es kann ebenso hilfreich sein, die Wirkung von Stimmings auf andere Menschen zu erklären. So kann die Person nach und nach lernen, ihr Stimming bewusst einzusetzen und in jeder Situation selbst zu entscheiden, was ihr gerade wichtiger ist: die wohltuende Wirkung des Stimmings oder die Vermeidung einer bizarren Wirkung auf andere.

6.11 Wenn Verhalten der Regulation dient

Verhalten zur Stimulierung und zur Regulation sind sich sehr ähnlich und viele Personen werden auch dieselben Verhaltensweisen einsetzen. Der Unterschied besteht eigentlich nur darin, dass ein Verhalten zur Regulation eingesetzt wird, wenn der Erregungszustand erhöht ist, sich ein stimulierendes Verhalten aber auch ohne erhöhte Erregung zeigt. Aber was für die Stimulierung gilt, gilt umso mehr für die Regulation: Es ist ein gutes, sinnvolles Verhalten, dass wir auf keinen Fall verhindern oder unterbinden sollten. Ganz im Gegenteil: Wir sollten die Person darin unterstützen, Regulationsmöglichkeiten zu finden und gezielt einzusetzen. Angemessenere Alternativen müssen nur dann gefunden werden, wenn es sich um unangemessenes oder für irgendjemanden schädliches Verhalten handelt.

Um die Person in ihrer Regulation zu unterstützen und passende Regulationsmöglichkeiten anbieten zu können, müssen wir zunächst den Erregungszustand gut einschätzen können. Regulationsmöglichkeiten, die auf einem niedrigeren Erregungsniveau helfen, funktionieren auf einem höheren Niveau meist nicht mehr. Das im vierten Kapitel beschriebene Formular zur Dokumentation von Anzeichen für den Erregungszustand kann nun genutzt werden, um auf der rechten Seite die passenden Regulationsmöglichkeiten einzutragen. Alle Bezugspersonen sollten darüber informiert sein, damit sie entsprechend intervenieren können und nicht versehentlich Verhalten zur Regulation verhindern, weil sie es als störend empfinden.

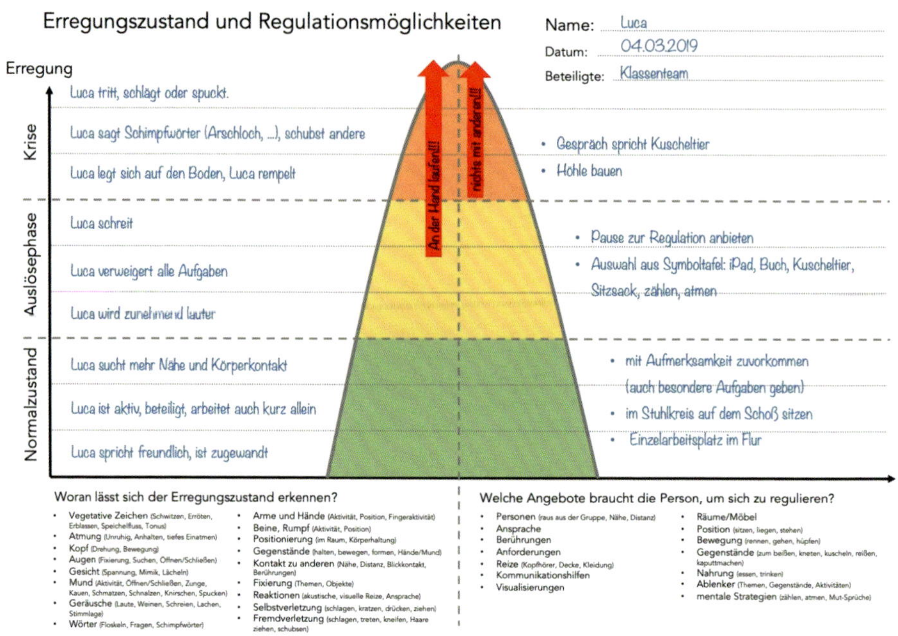

Abbildung: Links steht, woran das Erregungsniveau erkannt werden kann, rechts eine entsprechende Regulationsmöglichkeit.

Damit die Person selbst lernt, ihr Erregungsniveau besser einzuschätzen, kann das auch für sie visualisiert werden. Auf der umgeklappten Rückseite sind passende Regulationsmöglichkeiten und zu beachtende Regeln zu finden. Die beiden Bereiche sind nicht auf einer Seite angeordnet, um den Eindruck zu vermeiden, dass es sich hier um einen Erst-Dann-Plan handelt. Die Visualisierung auf der Rückseite dient der Person als Verstehens- bzw. Kommunikationshilfe, mit der sie auf ihren Erregungszustand hinweisen und eine entsprechende Regulationsmaßnahme einfordern kann.

Abbildung: Erregungsskala und Regulationsmöglichkeiten werden visualisiert.

Auch eine allgemeinere Skala ohne die persönlichen Warnsignale kann zur Selbsteinschätzung genutzt werden.

Abbildung: Eine Skala mit Farben und Emotionen ermöglicht die Selbsteinschätzung.

Mit einem Erzählbuch zum Thema „Stress" können Stressauslöser, herausfordernde Verhaltensweisen und angemessene Regulationsmöglichkeiten thematisiert werden.

Abbildung: Das Erzählbuch „Stress in der Schule" ermöglicht die wiederholte Beschäftigung mit dem Thema.

Auch Alternativenübersichten sind eine wirksame Unterstützung, um angemessene Regulationsmöglichkeiten zu visualisieren.

Abbildung: Die Alternativenübersicht erklärt, warum die eine Regulationsstrategie besser geeignet ist als die andere.

Je höher der Erregungszustand ist, desto weniger gut gelingt es, zu reflektieren und zu entscheiden, welche Regulationsstrategie jetzt gerade hilfreich wäre. Eine Symboltafel zum Einfordern der verschiedenen erprobten Strategien ist damit nicht nur eine Kommunikationshilfe, sondern auch eine Entscheidungshilfe, die die Möglichkeiten vor Augen führt. Damit ist eine solche Tafel auch für viele Menschen mit guten Kommunikationsmöglichkeiten eine große Hilfe. Denn unter Stress können sie ihre sprachlichen Kompetenzen meist nicht mehr so gut einsetzen.

Abbildung: Kommunikationshilfe zur Auswahl von Regulationsmöglichkeiten.

6.12 Wenn Verhalten Ausdruck einer Krise ist

Dem Umgang mit Krisen widmen wir ein eigenes Kapitel.

7 Krisen managen

In einer Krise hat das Erregungsniveau die kritische Marke überschritten und die Person hat die Kontrolle über sich verloren. Die Krise bringt eine weitere Besonderheit mit sich. Betrachten wir dazu eine weitere Kurve: die Kurve der kognitiven Möglichkeiten.

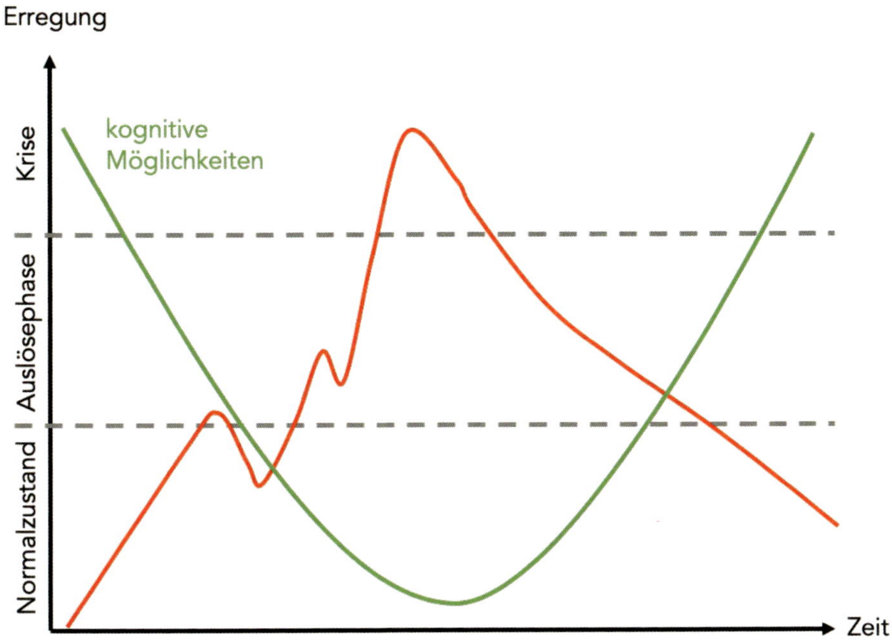

Mit steigender Erregung nehmen die Möglichkeiten ab, kontrolliert, geplant und systematisch zu handeln. In einer Krise zu lernen, ist unmöglich. Daher kann es in einer Krise nicht darum gehen, etwas zu vermitteln. Es wird die Person, die sich in der Krise befindet, auf keinen Fall erreichen Die gute Nachricht ist also: Wir brauchen in einer solchen Situation nicht konsequent zu handeln. Die schlechte Nachricht ist: Es wird uns sehr, sehr schwer fallen, da es dem widerspricht, was wir intuitiv für richtig halten. Schließlich haben wir ja gelernt, wie wichtig konsequentes Handeln ist.

Stellen wir uns einmal vor:

> *Clara ist sehr wütend. Sie läuft schon seit einer Viertelstunde aufgebracht durchs Zimmer, lautiert dabei laut und schlägt sich von Zeit zu Zeit selbst gegen den Kopf. Jetzt bleibt sie hinter Marie stehen, greift nach derem Pferdeschwanz und zieht daran.*

Was tun wir jetzt? Wäre es okay, Clara in so einer Situation einen Schokoriegel zu geben?

„Nein", schreit unser pädagogisches Herz, denn wir wollen doch Clara keinesfalls für ein solches Verhalten belohnen. Denn sonst würde sie womöglich in Zukunft immer jemandem an den Haaren ziehen, wenn sie Schokolade haben möchte.

„Doch!", sagen wir. Denn es handelt sich um eine Krise und keine Lernsituation. In einer Krise geht es nur darum, dass wir alle heil aus dieser Situation rauskommen und niemand verletzt wird, weder körperlich, noch psychisch, noch irgendjemandes Würde – auch nicht Claras. Und wenn wir es mit einem Schokoriegel schaffen, Clara von Maries Haaren abzulenken und darüber hinaus auch noch, dass Clara sich beruhigt, dann haben wir dieses Ziel erreicht, sogar ziemlich bequem und elegant. Das Lernen kann erst folgen, wenn Claras Erregungsniveau wieder im Normalbereich ist und sie wieder vollen Zugriff auf ihre kognitiven Möglichkeiten hat. Und außerdem: Clara etwas beizubringen, indem wir ihr gutes Verhalten belohnen, hat noch nie auf Anhieb geklappt. Lernen durch Verstärkung erfordert viele Wiederholungen. Und der nächste Ablenker muss ja nicht wieder ein Schokoriegel sein. Sind andere Personen im Raum, dann haben wir auch noch Angst, dass die – und deren Erregungszustand ist ja niedrig – sofort den Zusammenhand zwischen Haareziehen und Schokoriegel herstellen und dieses Verhalten in Zukunft auch zeigen. Um das zu verhindern, sollten wir am besten eine ganze Runde Schokoriegel an alle verteilen.

7.1 Der Low-Arousal-Ansatz

Es handelt sich nicht um eine neue Idee und sie stammt auch nicht von uns. Der Low-Arousal-Ansatz ist ein Konzept, das von Andrew McDonnell aus Großbritannien entwickelt wurde (vgl. McDonnell 2010). „Low Arousal"bedeutet „niedrige Erregung". Das Ziel des Ansatzes ist es, auf ein möglichst niedriges Erregungsniveau hinzuarbeiten. Die Begleitung in einer Krise soll aktiv zur Senkung des Erregungsniveaus beitragen, keinesfalls aber die Eskalation vorantreiben. Bo Hejlskov Elvén arbeitet ebenfalls nach diesem Konzept. Er beschreibt in seinem Buch (vgl. Elvén 2015) die Regeln für einen „unaufgeregten Umgang", der das Erregungsniveau senken kann.

Abbildung: Unaufgeregter Umgang senkt das Erregungsniveau. Die Visualisierung steht zum Download zur Verfügung (vgl. Kapitel 8.3).

Reagiere ruhig

Wenn du dich aufregst,

kannst du niemandem helfen.

Reguliere dich.

Atme bewusst ein und aus.

Emotionen übertragen sich (Gefühlsansteckung). Wenn du dich aufregst, wird sich das auf die Person übertragen. Wenn du aber ruhig bist bzw. bleibst, wird sie sich auch besser beruhigen können. Es ist also wichtig, dass du Regulierungsstrategien für dich selbst findest. Was kannst du tun, um auch dann ruhig zu bleiben, wenn jemand anderes gerade ausrastet. Atme bewusst ein und aus. Wenn du ruhig bist und einen klaren Kopf behältst, wirst du leichter Ideen entwickeln können, wie du die Person in der Krise begleiten und unterstützen kannst.

Vermeide Blickkontakt

Blickkontakt ist Stress.

Schau woanders hin.

Fordere die Person nicht auf,

dir in die Augen zu schauen.

Wenn du abends im Dunkeln von der Kneipe nach Hause gehst, und es kommen dir drei grölende Kerle entgegen, suchst du dann ihren Blickkontakt? Wahrscheinlich nicht. Und warum nicht? Weil du intuitiv weißt, dass Blickkontakt sie provozieren könnte. Schau also der Person in der Krise nicht in die Augen und fordere sie vor allem nicht dazu auf, dir in die Augen zu schauen. Damit senkst du die Erregung. Aber lass die Person nicht aus den Augen und wende ihr nie den Rücken zu.

Vermeide Berührungen

Wenn es sein muss,
lenke Bewegungen um
und lass wieder los.

Berührungen steigern in der Regel die Erregung. Vermeide es, die Person zu berühren, solange es keinen triftigen Grund dafür gibt. Nur wenn du oder andere Personen gefährdet sind, ist ein solches Eingreifen nötig. Versuche aber nie, die Hände der Person festzuhalten. Das kostet dich viel Kraft und die Person wird nur noch mehr Kraft aufwenden. Versuche stattdessen, die Bewegungen so umzulenken, dass sie ihr Ziel verfehlen und ins Leere laufen. Bewegung an sich ist aber gut. Bewegung trägt zum Abbau von Adrenalin und Cortisol bei. Wenn du berühren musst, dann versuche die Berührung schon nach wenigen Sekunden zu lösen. Das Loslassen wird auf die Person möglicherweise irritierend oder befreiend wirken und sie unterbricht vielleicht sogar ihre Bewegung.

Halte Abstand

Wenn die Person zurückweicht,
geh auch zurück.
Stell dich seitlich, nicht gegenüber.

Geh nicht auf die Person zu, sondern halte Abstand. So schützt du dich selbst und bedrängst die Person nicht. Und stell dich nicht in ihr Blickfeld, so gerätst du nicht in den Fokus ihrer Aufmerksamkeit. Aber bleibe in der Nähe. Lass die Person nicht alleine.

Demonstriere keine Stärke

Mach dich nicht groß.

Spann keine Muskeln an.

Demonstriere keine Stärke. Bau dich nicht auf, spann deine Muskeln nicht an. Wenn du bedrohlich wirkst, trägst du nicht dazu bei, das Erregungsniveau zu senken, sondern erhöhst es noch weiter. Achte auch auf deinen Gesichtsausdruck.

Setz dich hin

Du nimmst weniger Raum ein.

Deine Muskeln sind entspannt.

Du wirkst ruhig.

Aber: bleibe mobil,

bring dich nicht in Gefahr.

Setz dich nach Möglichkeit hin. Im Sitzen kannst du noch viel mehr Ruhe ausstrahlen als im Stehen, weil du weniger Muskeln dazu brauchst. Setz dich aber nicht auf den Boden, sondern lieber auf einen Stuhl. Oder geh nur in die Hocke. Damit machst du dich klein, wirkst weniger bedrohlich, bleibst aber mobil. Denn du solltest schnell wieder aufstehen können, falls es in dieser Position dennoch gefährlich werden sollte.

Sprich ruhig

Schrei nicht, sprich ruhig.
Sprich nicht über das Verhalten,
sondern über etwas anderes.

In einer Krise bringt es nichts, auf die Person einzureden. Werde nicht laut oder hysterisch, denn das steigert die Erregung noch. Vermeide es auch, über das Verhalten der Person zu sprechen und ihr zu sagen, was sie ***nicht*** machen soll. Damit lenkst du ihre Aufmerksamkeit nur noch mehr auf das unerwünschte Verhalten. Sprich über etwas anderes, mit dem du die Person ablenken kannst.

Billard-Trick

Sprich mit jemand anderem
über etwas,
das die Erregung senken kann.

Du kannst, wie beim Billard, versuchen, die Person indirekt zu erreichen, indem du mit einer anderen Person über etwas sprichst, das die Aufmerksamkeit der Person in der Krise ablenken könnte. Du könntest zum Beispiel über etwas sprechen, das ihr gleich machen könntet oder etwas Schönes, das ihr erlebt habt.

Gib nach

Bestehe nicht auf irgendetwas!
Pass die Anforderungen an.

Wenn eine Anforderung die Krise ausgelöst hat, gib auf jeden Fall nach. Bestehe nicht darauf, dass die Person etwas tut, was sie im Moment nicht leisten kann, sondern passe deine Anforderungen an ihre Möglichkeiten an. Sag der Person, dass es okay ist, wenn sie im Moment nicht machen kann, was gefordert ist. Und dass ihr es vielleicht irgendwann anders und gemeinsam machen könnt.

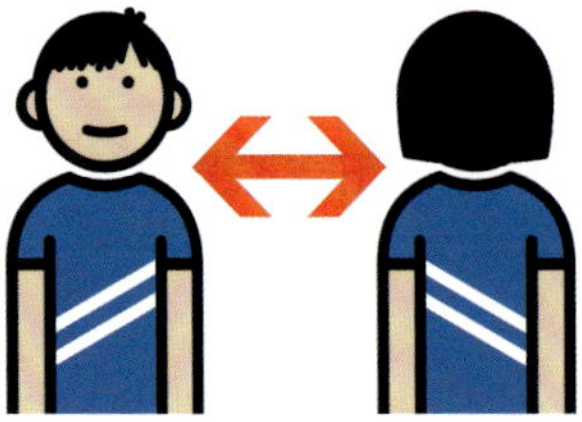

Tausche

Dein Kollege
kann die Situation
vielleicht entspannen.

Achte auf deinen Stress. Wenn dein Erregungsniveau steigt und du selbst nicht mehr ruhig bleiben kannst, dann kannst du der Person nicht mehr helfen. Bitte einen Kollegen, mit dir zu tauschen. Wenn du oder etwas, das du getan hast, der Auslöser der Krise war, entspannt sich die Situation vielleicht sogar, wenn du den Raum zu verlässt. Es ist kein Versagen, wenn du in dieser Situation nicht helfen kannst, eine andere Person aber schon. Ganz im Gegenteil. Es spricht für deine Kompetenz, wenn du derart umsichtig reagierst. Ein anderes Mal wird es vielleicht umgekehrt sein und ein Kollege benötigt deine Hilfe. Trefft klare Absprachen im Team, damit ihr in einer Krise tauschen könnt, ohne allzu viele Worte wechseln zu müssen oder aufgeregt zu schreien. Wenn du siehst, dass jemand anderes eine Krise begleitet, biete deine Hilfe an.

Warte

Lass der Person Zeit,
sich selbst wieder
unter Kontrolle zu bekommen.

Lass der Person in der Krise Zeit. Es bringt nichts, wenn du die Person unter Kontrolle bringst, sie muss es selbst schaffen. Nur so stärkt sie ihre Selbstkontrollfähigkeiten. Setz die Person also nicht unter Druck, sondern gib ihr die Zeit, die sie braucht, um wieder zu einem normalen Erregungszustand zurückzukehren.

Lenke ab

Spiel was,
lies eine Geschichte vor,
lade zum Spaziergang ein,
biete einen Schokoriegel an.
Keine Angst, das ist kein Verstärker!
So leicht lernt niemand.

Die letzte Regel kommt zum Schluss, weil sie das Beste ist, was du tun kannst. Lenk die Person ab, versuche ihre Aufmerksamkeit auf etwas anderes zu lenken. Welche Ablenkung geeignet ist, ist individuell. Am besten überlegst du dir außerhalb einer Krisensituation, welche Ablenkungen die Person am besten erreichen könnten. Gut geeignet ist alles, was man mit zwei Händen anfassen muss. Denn wenn die Person mit beiden Händen beschäftigt ist, kann sie mit ihren Händen niemanden mehr verletzen. Hab keine Angst, die Ablenkung ist kein Verstärker für das herausfordernde Verhalten. Wie schon beschrieben, kann in diesen Situationen nicht gelernt werden. Und eine einmalige Verstärkung reicht sowieso nicht.

Natürlich wirken diese Grundregeln des unaufgeregten Umgangs nicht erst in der Krisensituation. Sie können jederzeit dazu beitragen, das Erregungsniveau zu senken.

In einer Krise geht es nur darum, dass alle Beteiligten die Krise überstehen und niemand verletzt wird. Verletzungen können natürlich vor allem durch körperliche Übergriffe entstehen. Aber auch die psychischen Belastungen, die durch eine Krise entstehen, sollten wir nicht unterschätzen. Und das gilt für alle Beteiligten: der Person in der Krise, den Bezugspersonen, aber auch für Mitschüler oder Kollegen der Person. Wenn jemand gefährdet ist, sollte er, wenn möglich, die Situation verlassen. Oft haben wir die Idee, dass die Person in der Krise den Raum verlassen sollte. Aber das ist, da die Person ihr Verhalten gerade nicht steuern kann, nicht so leicht umzusetzen. Es ist daher sinnvoll, die anderen Personen im Raum aufzufordern, den Raum zu verlassen.

Es gibt viele Sportarten und Methoden zur „Selbstverteidigung". Sie alle können uns helfen, uns gegen Täter zu wehren, die uns zum Beispiel nachts auf der Straße überfallen. Menschen mit herausforderndem Verhalten sind aber keine Täter! Normale Verteidigungstechniken sind daher nicht geeignet, denn sie bergen das Risiko, dass der „Angreifer" verletzt wird. Das aber müssen und wollen wir unbedingt vermeiden. Und nicht nur die körperliche Unversehrtheit aller Beteiligten ist zu schützen, sondern auch ihre psychische und damit auch ihre Würde. Es gibt aber auch Techniken, die nicht mit negativen Reizen arbeiten, also zum Beispiel keine Schmerzen zufügen. Mit solchen nicht-aversiven Techniken kann man sich wirksam schützen und als letzte Möglichkeit auch jemanden in seiner Bewegung einschränken, um zum Beispiel andere zu schützen.

Fortbildungen nach dem Studio 3-Ansatz von Andrew McDonnell vermitteln solche Techniken auf der Basis des Low-Arousal-Ansatzes. Wir können den Besuch einer solchen Fortbildung dringend empfehlen. Allein das Wissen, wie man sich im Zweifelsfalle befreien und schützen kann, sorgt dafür, dass unser eigener Stresspegel in der Krise nicht mehr so schnell ansteigt. In Deutschland bietet AUTEA (vgl. Kapitel 8.1) solche Fortbildungen an.

7.2 Vor der Krise

Wenn eine Person in der Vergangenheit herausforderndes Verhalten gezeigt hat, sollten wir damit rechnen, dass es wieder zu einer Krise kommen könnte. Auf diese Krise sollten wir daher aus mehreren Gründen gut vorbereitet sein. Je besser man auf eine solche Situation vorbereitet ist, desto souveräner wird man sie meistern können. Je genauer die Absprachen für den Krisenfall im Vorfeld getroffen wurden, desto reibungsloser wird unsere Zusammenarbeit in einem solchen Fall funktionieren. Wir werden nur dann, ohne viele Worte, gemeinsam das tun können, was getan werden muss. Damit das verbindlich und verständlich für alle Bezugspersonen gilt, müssen die Absprachen dokumentiert werden.

Neben all dem ist aber auch der rechtliche Aspekt bedeutsam. Eine Krise ist eine gefährliche Situation, in der es im schlimmsten Falle zu Verletzungen kommen kann. Wir müssen im Vorfeld alles getan haben, um so etwas zu vermeiden. Nur wenn wir das getan haben, können wir und auch niemand anderes uns etwas vorwerfen. Wir sind nur dann auf der sicheren Seite, wenn wir belegen können, dass wir uns bereits im Vorfeld Gedanken gemacht haben, dass wir Absprachen getroffen und uns vorbereitet haben auf alles, was vorhersehbar war. Werden wir dann von einer Situation überrascht, die so nicht vorhersehbar war und in der es im schlimmsten Fall zu einer Verletzung der Person in der Krise kommt, sollte uns kein

Richter dafür verurteilen können. Auch aus diesem Grund müssen wir unsere Absprachen für die Krise schriftlich dokumentieren.

In der Vorbereitung auf eine mögliche Krise sollten folgende Punkte besprochen werden:

- Woran erkennt man ein erhöhtes Erregungsniveau und eine bevorstehende Krise?
- Welche Regulationsstrategien gibt es für die Person, mit der die Krise abgewendet werden kann, und wie müssen sie angeboten und begleitet werden?
- Ab wann beginnt die Krise und an welchen Anzeichen ist sie zu erkennen?
- Wie werden die Anwesenden darüber informiert, dass der Krisenplan in Kraft tritt?
- Wie werden andere Personen geschützt und/oder aus dem Raum gebracht? Und wer ist dafür zuständig?
- Wie viele Personen sind notwendig, um die Person in der Krise zu begleiten und zu schützen?
- Welche Techniken sind geübt und können angewendet werden?
- Wie kann im Krisenfall Hilfe angefordert werden?
- Wie kann das Erregungsniveau schnell wieder gesenkt werden? Welche Ablenker können eingesetzt werden? Welche Regulationsstrategien können helfen?
- Was muss nach der Krise getan werden?
- Wo und wie wird die Krise dokumentiert?

Diese Punkte sollten in einer Teamsitzung besprochen werden und anschließend in Form eines Handlungsplanes für die Krise auch schriftlich dokumentiert werden. Dieser Handlungsplan sollte regelmäßig ins Bewusstsein gerufen, überdacht und gegebenenfalls angepasst werden. Eine besondere Schwierigkeit liegt sicherlich darin, dass in Einrichtungen der Personalschlüssel vermutlich nie so hoch ist, wie wir ihn uns wünschen würden. Dies gilt insbesondere für Krisen. Wenn dem Team nicht genug Personal zur Verfügung steht, um eine Krise gut und sicher zu begleiten, muss geklärt werden, wie im Krisenfalle Hilfe geholt werden kann. In einer Einrichtung mit mehreren Menschen mit herausforderndem Verhalten kann ein „Notfallhandy" hilfreich eingesetzt werden. Jeden Tag wird neu festgestellt, welches Team gut besetzt ist, weil zum Beispiel keiner durch Krankheit ausfällt. Dieses Team übernimmt dann an dem Tag das Notfallhandy und ist damit in Rufbereitschaft für die anderen Teams. Alle Kollegen haben die Nummer dieses Handys auf einer Kurzwahltaste gespeichert. Im Fall einer Krise kann also über den Anruf auf dem Notfallhandy Hilfe angefordert werden. Wichtig ist, dass man im Krisenfall nicht nachdenken muss, wen man jetzt anruft. Die Nummer muss immer die gleiche sein. Auch für Angehörige, die zeitweise oder als Alleinerziehende sogar meist alleine mit der Person sind, sollte über so ein „Notrufsystem" nachgedacht werden.

In einigen Fällen werden im Krisenfall Maßnahmen nötig, die rechtlich als freiheitsentziehende Maßnahmen gelten. Dies ist im § 1631b Absatz 2 des Bürgerlichen Gesetzbuches (BGB) geregelt. Das sind Maßnahmen, die eine Person in ihrem Recht auf körperliche Bewegungsfreiheit einschränken. Dazu gehören das Festhalten, Fixierungen oder auch sogenannte Time-Out-Räume, die eine Person nicht jederzeit wieder verlassen kann. Wenn solche freiheitsentziehenden Maßnahmen in einer Einrichtung durchgeführt werden sollen, muss dafür eine richterliche Genehmigung vorliegen. Auch Sedierungen sind freiheitsentziehende Maßnahmen, wenn die Gabe der Medikamente gezielt der Ruhigstellung ohne therapeutischen Zweck dient. Selbstredend muss für ein solches Vorgehen zusätzlich eine ärztliche Verordnung vorliegen. Wird eine freiheitsentziehende Maßnahme in einem Notfall eingesetzt, weil in der Situation eine Gefahr nicht anders abgewendet werden kann, handelt es sich um einen „rechtfertigenden Notstand". Dafür muss keine Genehmigung vorliegen. Kommen freiheitsentziehende Maßnahmen aber regelmäßig in Krisen zum Einsatz oder werden sie sogar im Handlungsplan für die Krise geplant, müssen sie genehmigt sein. Eine solche Genehmigung muss von den gesetzlichen Vertretern beantragt und vom Familiengericht entschieden werden. Der Bundesverband für körper- und mehrfachbehinderte Menschen e.V. bietet auf seiner Seite ein Merkblatt an, das die Genehmigungspflicht erklärt und auch einen Musterantrag für die Beantragung enthält.

7.3 Während der Krise

Tritt eine Krise ein, müssen die oben beschriebenen Absprachen umgesetzt werden. Zunächst müssen alle Beteiligten wissen, dass der Handlungsplan für die Krise umgesetzt werden soll, damit alle ihre Rolle übernehmen. Dann muss entschieden werden, wer unbeteiligte, aber gefährdete Personen aus dem Raum begleitet, wer bei der Person in der Krise bleibt und wer gegebenenfalls Hilfe anfordert. Auf die Person in der Krise wird so gut wie möglich im Sinne des Low-Arousal-Ansatzes eingewirkt. Für den Abbau der Stresshormone Adrenalin und Cortisol ist Bewegung wichtig. Die Person sollte sich daher so viel wie möglich bewegen können. Nur im Notfall, also einer akuten Gefährdung, werden körperliche Techniken angewendet. Hat die Person wieder die Kontrolle über sich, wird ihr genug Zeit gelassen, auf ein gutes Erregungsniveau zurückzukommen. Erst wenn die Krise wirklich überstanden ist, kehren die anderen in den Raum und zu den geplanten Aktivitäten zurück.

7.4 Nach der Krise

Nach der Krise geht es vor allem darum, die nächste Krise zu verhindern. Wir beginnen wieder vorne.

- Was hat die Krise ausgelöst?
- Wie kam es zu dem hohen Erregungszustand?
- Warum haben die Regulationsmöglichkeiten nicht ausgereicht?
- Welche kurz- und langfristigen Anpassungen sind nötig, damit eine erneute Krise verhindert werden kann?
- Welche langfristigen Veränderungen können dazu beitragen, eine erneute Krise zu verhindern? Was sollte die Person lernen und wie kann sie das tun?

Neben der Intervention gilt es aber auch, die emotionale Verarbeitung einer Krise bei allen Beteiligten zu begleiten. Das sind vielleicht zunächst diejenigen, die angegriffen oder sogar verletzt wurden, oder die Person in der Krise, die vielleicht selbst verletzt wurde, auf jeden Fall aber eine psychisch sehr belastende Situation hinter sich hat. Aber auch Beobachter der Situation, die vielleicht verunsichert sind oder Angst haben, sollten nicht unbedacht bleiben.

Für die emotionale Verarbeitung einer Krise gibt es professionelle Angebote im Rahmen von psychologischer Beratung oder Supervision. Daneben – oder besser davor – sollten sich Einrichtungen oder Familien aber immer auch die Zeit für ein Nachgespräch nehmen. Nur so können die unmittelbaren Nachwirkungen aufgefangen werden. Ein guter Handlungsplan für die Krise beinhaltet also auch Maßnahmen, die für die emotionale Verarbeitung nötig sind.

8 Weitere Tipps

8.1 Fortbildungsangebote

AUTEA gGmbh: Das gemeinnützige Bildungsinstitut mit Sitz in Gelsenkirchen bietet sowohl Fortbildungen zum Low-Arousal-Ansatz als auch zum TEACCH-Ansatz an. Das Fortbildungsangebot findet sich auf der Homepage www.autea.de.

Die Gesellschaft für Unterstützte Kommunikation e.V. bietet Fortbildungen zu vielen Themenbereichen rund um Unterstützte Kommunikation an. Das Fortbildungsangebot findet sich im Veranstaltungskalender auf der Homepage www.gesellschaft-uk.de. Dort gibt es ebenfalls eine Referentenliste, eine Liste von Beratungsstellen und Therapeuten sowie die Möglichkeit, sich über verschiedenen Mailinglisten regelmäßig informieren zu lassen.

Das TRI.A.S (Trierer Aggressionsbehandlungs- und Sicherheitsprogramm) bietet ebenfalls Fortbildungen zum Umgang mit herausfordernden Verhaltensweisen sowie zu körperlichen Schutztechniken an. Unter trias-heinrich.de finden sich alle Informationen zu dem Angebot.

Sowohl AUTEA als auch TRI.A.S bieten auch Inhouseschulungen an. AUTEA bietet darüber hinaus eine Weiterbildungsmöglichkeit zum Studio 3-Inhouse-Trainer an.

8.2 Beratung für Institutionen und Familien

Individuelle, personenzentrierte Beratungsangebote zu herausforderndem Verhalten sind nicht ganz so leicht zu finden. Es gibt jedoch viele Beratungsstellen für Unterstützte Kommunikation oder Autismus, die sich mit dieser Fragestellung auseinandergesetzt haben. Wir empfehlen daher, mit so einer Beratungsstelle Kontakt aufzunehmen und nachzufragen, ob die Berater sich mit diesem Thema auskennen und ggf. auch, ob sie nach dem Low-Arousal-Ansatz arbeiten.

8.3 Downloads und Links

Viele Materialien, die wir in diesem Buch vorgestellt haben, stehen zum kostenlosen Download zur Verfügung. Sie können hier heruntergeladen werden:

- https://die-uk-kiste.jimdo.de
- www.ukcouch.de

Auf diesen Seiten finden sich auch noch viele andere Materialien und das Angebot wird stetig erweitert. Es lohnt sich also, immer wieder mal einen Blick auf diese Seiten zu werfen.

Auf diesen Seiten finden sich ebenfalls viele gute Ideen und Materialien:

- www.metacom-symbole.de
- www.bild-boxen.de
- www.cluks-forum.de

9 Gedanken und Wünsche

Wir hoffen, mit diesem Buch ein kleines Stück dazu beigetragen zu haben, dass Menschen, die bisher keine Alternative zu herausforderndem Verhalten hatten, eine Alternative angeboten bekommen und finden. „Menschen, die sich richtig verhalten können, werden es auch tun". Mit diesem Zitat von Bo Hejlskov Elvén haben wir begonnen und damit wollen wir auch enden. Wir sind überzeugt: Wer Alternativen hat, der braucht kein herausforderndes Verhalten mehr. Wir wünschen allen Bezugspersonen, den Familien und den Mitarbeitern in Einrichtungen viel Kraft für ihre Aufgabe im Umgang mit Problemverhalten. Und wir wünschen den betroffenen Personen viel Geduld mit uns.

10 Literaturverzeichnis

Belot, Michel: Bogen zur Evaluation der Schmerzzeichen bei Jugendlichen und Erwachsenen mit Mehrfachbehinderung. Die EDAAP-Skala. Düsseldorf: Selbstbestimmtes Leben, 2009

Castañeda, Claudio / Hallbauer, Angela: Einander verstehen lernen. Ein Praxisbuch für Menschen mit und ohne Autismus. Kiel: Holtenauer, 2013

Castañeda, Claudio / Fröhlich, Nina / Waigand, Monika: Modelling in der Unterstützten Kommunikation. Heigenbrücken: UK Couch, 2017

Elvén, Bo Hejlskov: Herausforderndes Verhalten vermeiden. Tübingen, 2015

Frith, Uta: Autismus: Eine sehr kurze Einführung. Mannheim: Huber, 2013

Gray, Carol: Comic Strip Gespräche: Illustrierte Interaktionen – Wie man Schülern mit Autismus und ähnlichen Beeinträchtigungen Konversationsfähigkeiten vermitteln kann. München: Sequenz Medien, 2011

Gray, Carol: Das neue Social Story™ Buch. St. Gallen: Autismusverlag, 2014.

Green, Ross W.: Das explosive Kind. Plan B für Eltern von kleinen Tyrannen. Winterthur: Edition Spuren, 2011

Hallbauer, Angela: Lass mich sehen und verstehen, was du mir sagen willst. In: Zeitschrift für Unterstützte Kommunikation 2/2007, 19-23

Häußler, Anne: Der TEAACH-Ansatz zur Förderung von Menschen mit Autismus. Einführung in Theorie und Praxis. Dortmund: modernes Lernen, 2016 (5. erweiterte Auflage)

Häußler, Anne / Tuckermann, Antje / Kiwitt, Markus: Wenn Verhalten zur Herausforderung wird. Dortmund, 2014

McDonnell, Andrew A.: Managing aggressive behavior in care settings. Understanding and applying low arousal approaches. Chichester: Wiley-Blackwell 2010

Müller, Christoph: Zentrale Kohärenz bei Menschen mit Autismus – Aktuelle Befunde zur visuellen Wahrnehmung. In: Heilpädagogik online 02/07, 3-23

Murray, Sarah / Noland, Brenna: Video modeling for young children with autism spectrum disorders. A practical guide for parents and professionals. London: Jessica Kingsley Publishers, 2013

Theunissen, Georg: Autismus und herausforderndes Verhalten. Praxisleitfaden Positive Verhaltensunterstützung. Freiburg: Lambertus 2018 (2. Auflage)

Vermeulen, Peter: Kontextblindheit. Göttingen: Vandehoek & Ruprecht, 2016